Marco Verardi

Projektmanagement in internationalen Konzernen

Projekterfolg – Einflussfaktoren und Optimierungsansätze

Diplomica Verlag GmbH

Verardi, Marco: Projektmanagement in internationalen Konzernen: Projekterfolg - Einflussfaktoren und Optimierungsansätze, Hamburg, Diplomica Verlag GmbH 2013

Buch-ISBN: 978-3-8428-9719-9
PDF-eBook-ISBN: 978-3-8428-4719-4
Druck/Herstellung: Diplomica® Verlag GmbH, Hamburg, 2013

Bibliografische Information der Deutschen Nationalbibliothek:
Die Deutsche Nationalbibliothek verzeichnet diese Publikation in der Deutschen Nationalbibliografie; detaillierte bibliografische Daten sind im Internet über http://dnb.d-nb.de abrufbar.

© Diplomica Verlag GmbH
Hermannstal 119k, 22119 Hamburg
http://www.diplomica-verlag.de, Hamburg 2013
Printed in Germany

Inhaltsverzeichnis

Abbildungsverzeichnis

Tabellenverzeichnis

1 Einleitung

Das einführende Kapitel beschreibt die Problemstellung dieses Buchs, welches durch den Autor im Rahmen seiner Recherche und Forschungsleistung gelöst werden soll. Das Kapitel Problembeschreibung zeigt die Forschungsfrage auf und stellt die Vorgaben an die erwarteten Ergebnisse dar. Kapitel 1.2 erläutert den Aufbau der Studie und beschreibt die Vorgehensweise die zur Identifikation der Einflussfaktoren auf die Project Slippage nötig ist. Des Weiteren wird ein Ausblick für die Formulierung der erwarteten Optimierungsansätze gegeben.

1.1 Problembeschreibung

Das betrachtete und zur Untersuchung herangezogene Beispielunternehmen ist im Deutschen Aktienindex DAX gelistet und umfasst vier Hauptgeschäftsfelder welche wiederum in einzelne Divisionen unterteilt sind. Neben dem Produktgeschäft mit eigens entwickelten Komponenten steht dabei das Lösungsgeschäft für öffentliche wie private Kunden im Mittelpunkt. Entsprechend ist dieser Sektor auf ein umfangreiches Projektmanagement zur Abwicklung der Aufträge angewiesen.

Das Unternehmen besitzt aufgrund der Lösungsorientierung ein nahezu beispielloses Prozessmanagement für die Projektabwicklung. Der Projektmanagement Prozess des Großkonzerns wird als eigene Marke behandelt sowie marketingtechnisch im Unternehmen gefördert. Lehrgänge sowie Weiterbildungsmöglichkeiten mit Zertifizierungen in Anlehnung an die International Project Management Association (IPMA) sorgen für Karrieremöglichkeiten im Projektmanagement. Eigens erstellte Literatur und integrierte Prozess- sowie Qualitätsmanager für den Projektmanagement Prozess unterstreichen die Wichtigkeit für die Unternehmensführung.

Der wirtschaftliche Erfolg eines Projekts wird über die Projektspanne ausgewiesen, welche auch Vertriebs- oder Erfolgsspanne genannt wird. Von den Umsatzerlösen, sprich dem Kundenpreis, werden die aufgelaufenen Projektkosten subtrahiert. Die Differenz bildet den finanziellen Gewinn und lässt sich prozentual als Projektspanne ausdrücken. Diese Spanne verändert sich vom Zeitpunkt der Projektkalkulation bis hin zur Abrechnung des Projektes. Die Differenz der Projektspanne zwischen Schlussrechnung und Ausgangskalkulation wird Project Slippage genannt. Dieser Wert kann entsprechend positiv oder negativ sein. Die genaue Definition ist im Kapitel 2.1.1 erläutert.

Bei der Erteilung des Projektauftrags wird die Kalkulation dem Projektteam mit der errechneten Erfolgsspanne zur Verfügung gestellt. Das Team hat diese zu prüfen, denn die Projektverantwortlichen werden an dieser prozentualen Kennzahl gemessen. Eine positive Project Slippage bedeutet eine Vergrößerung der Differenz zwischen Umsatzerlösen und Projektkosten, welche mit einem größeren Erfolg für das Unternehmen einher geht. Umgekehrt schmälert eine negative Project Slippage den Projekterfolg und damit den Unternehmenserfolg. Das Problem bei der Projektabwicklung ist, dass es im Verlauf eines Projekts Einflüsse gibt, die die Project Slippage verändern ohne dass dafür offensichtlich Gründe erkennbar sind. Damit ist es für die Projektverantwortlichen auch schwierig, die richtigen Schlüsse zu ziehen und die richtigen Hebel zu betätigen, um die Project Slippage positiv werden zu lassen. Bereits bei der Kalkulation eines Projekts können Fehler gemacht werden, die die Project Slippage im Verlauf negativ beeinflussen. Dies können beispielsweise falsch ausgewählte technische Komponenten oder eine mangelnde Risikobeurteilung sein. Diese Fehler hat der Projektverantwortliche zu beheben und muss zum Projektab- schluss ein Feedback geben, damit bei folgenden Kalkulationen diese Fehler vermieden werden. Auch bei der Zusammensetzung des Projektteams werden die Weichen für einen Projekterfolg oder –misserfolg gestellt. Damit ein Projekt erfolgreich abgewickelt werden kann, ist es für die Projektverantwortlichen wesentlich die Einflussfaktoren auf die Project Slippage zu kennen.

Als zertifizierter Project Manager möchte der Autor diese Einflussfaktoren kennen und bewerten können, um so die eigen zu verantwortenden Projekte erfolgreich abzuschließen und im Verlauf der Projektabwicklung die richtigen Ent- scheidungen zu treffen. Im Rahmen zahlreicher Projektstatussitzungen und Auswertungen wurde das Problem des nicht Erkennens der Einflussfaktoren bei sehr erfahrenen wie auch unerfahrenen Projektverantwortlichen beobachtet. Daraufhin hat sich der Autor dazu entschlossen, dieses Problem im Rahmen einer Studie anzunähern bzw. es zu lösen. Für das Unternehmen entsteht damit ein Mehrwert, der die Basis für zukünftige strategische Entscheidungen im Projektmanagement darstellen kann.

Untersucht werden nur Projekte der Kategorien A bis C, nach Standard der International Project Management Association. Eine Beschreibung der Projektkategorisierung wird im Kapitel 2.1.2 gegeben. Die Projekte sind

Großprojekte mit erwartenden Umsatzerlösen von mehr als einhunderttausend Euro. Die Studie grenzt sich von Kleinprojekten ab, da sie aufgrund ihrer geringen Komplexität nicht zur Lösung des Problems beitragen können.

Das Ziel dieser Studie ist es, die Einflussfaktoren zur Veränderung der Project Slippage zu identifizieren. Dabei soll die Wirkung der unterschiedlichen Einflussfaktoren erkannt werden, um so deren Wichtigkeit bei der Abwicklung der Projekte einschätzen zu können. Des Weiteren soll diese Studie auf Basis der gewonnenen Erkenntnisse Optimierungsansätze für das Projektmanagement der untersuchten Unternehmung liefern, um so die Ausführungsabteilungen strategisch erfolgsorientiert aufzustellen. Durch eine Befragung der Projekt-verantwortlichen und Projektmitarbeiter soll zu dem auch der Erfahrungsstand ermittelt werden, um so zu erkennen, ob die für die Abwicklung der Projekte zuständigen Personen die Einflussfaktoren aus den Vorgaben der Fachliteratur und der Projektrichtlinie des Konzerns kennen sowie anwenden. Mögliche Defizite können durch Abänderung des Ausbildungsprozesses oder gezielte Hilfestellung der Führungskräfte behoben werden. Die Betrachtung und Sammlung der Standpunkte von jungen Projektverantwortlichen und Mitarbeitern mit wenig Berufserfahrung nach Abschluss der Berufsausbildung oder des Studiums sollen Hinweise geben, ob es Aspekte bzw. Einflussfaktoren gibt, die erfahrene Projektverantwortliche und Mitarbeiter nicht kennen oder als weniger wichtig einschätzen. Des Weiteren wird durch eine Befragung der Führungs-kräfte, welche die Projektverantwortlichen fachlich und disziplinarisch führen, eine Einschätzung gegeben in wie weit die strategischen Vorgaben vom Top-Management im operativen Projektgeschäft umgesetzt werden.

1.2 Aufbau der Studie

Um sich der Lösung des beschriebenen Problems optimal anzunähern und somit ein Lösungsansatz zu entwickeln, werden zuerst die Begrifflichkeiten erklärt, welche in diesem Buch zur Anwendung kommen. Personen, die im Projekt-management tätig sind und ihren Wirkungskreis haben, fällt der Einstieg in die Thematik leicht. Personen aus anderen Fachgebieten soll jedoch der Einstieg ermöglicht werden, um den Ausführungen folgen zu können. Bei der Klärung der Begrifflichkeiten werden die Berufsprofile der Projektbeteiligten und die Fachbe-griffe aus der Literatur des Projektmanagements, soweit notwendig, beschrieben. Da diese Studie auch einen wissenschaftlichen Forschungsteil beinhaltet, in dem eine Befragung im Mittelpunkt steht, sind auch Begrifflichkeiten aus der

Soziologie zu erläutern. Die Befragung von Projektverantwortlichen, Projekt-mitarbeitern und deren Führungskräften runden den wissenschaftlichen Teil dieser Untersuchung ab. Vorab werden die Grundlagen der sozialwissen-schaftlichen Erhebung von Forschungsergebnissen kurz erläutert. Dabei wird die Auswahl der Befragungssystematik nachvollziehbar dargestellt. Der Leser wird schrittweise zur selbstständigen Erstellung eines aussagekräftigen Fragebogens geführt. Der für die hier durchgeführte Untersuchung erforderliche Fragebogen ist als Beispiel im Anhang B angegeben und soll zudem die Nachvollziehbarkeit der Forschungsleistung unterstreichen. Das Kapitel der Grundlagen wird durch die Erläuterung der Auswertungssystematik und der Analyse der gewonnen Daten abgeschlossen. Die Ermittlung der Einflussfaktoren auf die Project Slippage erfolgt im Kapitel drei. Zuerst wird eine Analyse der internationalen Fachliteratur und Fachveröffentlichungen in Zeitschriften sowie im Internet durchgeführt. Weiterhin wird der Projektmanagement Prozess des Konzerns untersucht, um so die dort vorgegebenen Einflussfaktoren zu ermitteln. Ein Vergleich mit den in der Fachliteratur definierten Faktoren und eine Gewichtung des Einflusses auf die Project Slippage vervollständigt diese Analyse am Ende des Kapitels drei. Im Kapitel vier werden Projekte mit positivem und negativem Projekterfolg dar-gestellt und untersucht. Dabei werden die Projekte gezielt auf die ermittelten Einflussfaktoren aus der Literatur und dem internen Projektmanagement Prozess analysiert. Nicht auszuschließen ist dabei, dass weitere Einflussfaktoren erkannt werden, die nicht in der Fachliteratur berücksichtigt wurden. Die Durchführung der Befragung im Kapitel fünf und die damit verbundene Auswertung der Ergebnisse stellen den wissenschaftlichen Kern dieser Studie dar. Die Befragten sollen die zuvor ermittelten Einflussfaktoren auf die Project Slippage aus ihrer Sicht bewerten. Die Auswertung der Ergebnisse und die Darstellung in Diagrammen bilden die Grundlage für die Analyse der Befragung. Auch bei der Befragung ist es möglich, dass Einflussfaktoren genannt werden, die nicht in der Fachliteratur vorkommen und nur wenigen Personen in der Projektabwicklung bekannt sind oder nur unbewusst berücksichtigt werden. Die Studie wird durch die Zusammenführung der Ergebnisse im Kapitel sechs und der Definition von Handlungsempfehlungen für die Unternehmensführung im Kapitel sieben abgeschlossen. Die genutzten Quellen sind im Literaturverzeichnis ab Seite 81 hinterlegt.

2 Theoretische Grundlagen und Überlegungen

In diesem Kapitel werden Grundlagen und Begrifflichkeiten erläutert, die zum einen das Lesen und Nachvollziehen dieses Buchs vereinfachen und zum anderen auch die Wichtigkeit des Themas unterstreichen sollen. Den Einstieg in dieses Kapitel bildet die Beschreibung der Begrifflichkeiten aus dem Projektmanagement. Anschließend werden die Einflussfaktoren auf die Project Slippage mit Hilfe der internationalen Fachliteratur erfasst und exzerpierend zusammengefasst. Die Ergebnisse werden mit den Vorgaben des Projektmanagement Prozesses des DAX-Unternehmens verglichen. Zum Ende des Kapitels wird ein Forschungsdesign zur Erstellung einer wissenschaftlichen Befragung erarbeitet, welches bei dieser Studie angewandt wird und den Leser schrittweise zum fertig erstellten Fragebogen führt. Ein Überblick zu den Auswertemöglichkeiten der Befragung wird ebenfalls gegeben.

2.1 Begriffserklärung Projektmanagement

Die Definition, was ein Projekt ist und durch welche Besonderheiten es sich auszeichnet, ist in der Fachliteratur einheitlich beschrieben. Demnach ist ein Projekt einmalig und unterscheidet sich vom Tagesgeschäft.[1] Eine oft zitierte und bekannte Definition ist: „A project is any task which has a definable beginning and a definable end and requires the expenditure of one or more resources in each of the separate but interrelated and interdependent activities which must be completed to achieve the objectives for which the task was instituted."[2] Frei übersetzt bedeutet diese Definition, dass eine Aufgabe mit definiertem Start- und Endzeitpunkt mit mehreren notwendigen Teilprozessen, die zusammengeführt werden und damit die Erreichung des vorgegebenen Ziels sicherstellen, als Projekt bezeichnet wird. Die zeitliche Einteilung der einzelnen Projektschritte ist zwischen dem festgelegten Anfangs- und Endtermin zu organisieren. Die Einmaligkeit eines jeden Projekts ist sowohl in der Aufgabenstellung, den finanziellen und zeitlichen Vorgaben als auch in der personellen Zusammensetzung begründet. Entsprechend bedarf es für eine erfolgreiche Projektabwicklung eine Projektorganisation in der alle Projektbeteiligten genannt werden

---

[1] Vgl. Litke (2007), S.19.
[2] Martino (1964), S.17.

13

und jeder eine oder mehrere eindeutig definierte Aufgaben zugewiesen bekommt. Per Definition ist jedes Projekt mit Risiken behaftet. Es werden drei Risikogruppen unterschieden, welche als Projektrahmenbedingungen stets im Vordergrund stehen. Da jedes Projekt, wie bereits erwähnt, eine definierte Aufgabenstellung und festgelegte zeitliche Abläufe besitzt, sind die Risiken technisch und zeitlich begründet. Weiterhin haben Projekte stets Kostenvorgaben, die meist fix sind aber auch variabel sein können. Projekte sind somit auch mit einem wirtschaftlichen Risiko behaftet. Schlussfolgernd haben die Projektverantwortlichen automatisch finanzielle und terminliche Vorgaben die sie einhalten müssen, um die beauftragten Leistungen respektive Aufgabenstellung zu realisieren. Abweichungen zum Liefer- und Leistungsumfang, welcher in einem fest definierten Pflichtenheft festgehalten wird, treten im Verlauf der Projektabwicklung regelmäßig auf und werden unter dem Begriff Claimmanagement im Kapitel 2.1.2 gesondert behandelt. Abweichungen mit finanziellem und zeitlichem Hintergrund sind im Rahmen des Projektcontrollings zu erfassen und nach Möglichkeit zu beseitigen. Dieser Prozess wird ebenfalls im Kapitel 2.1.2 erläutert. Demnach ist es leicht nachzuvollziehen, dass die beschriebenen Risikofaktoren direkt voneinander abhängen, denn nur die Einhaltung aller Vorgaben, welche zu Projektbeginn festgelegt wurden, führen zu einem erfolgreichen Projektergebnis. Abbildung eins soll diesen Zusammenhang grafisch fixieren und zusammenfassen. In der Fachliteratur wird auch vom magischen Projektdreieck gesprochen.[3] Dabei steht „L" für Leistung, „Z" für Zeit und „K" für Kosten.

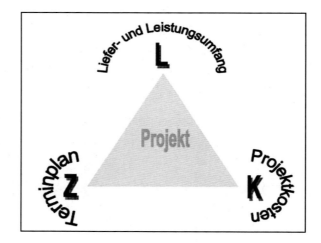

Abbildung 1: Projektdreieck[4]

---

[3] Vgl. Stein (2009), S.44.
[4] In Anlehnung an Bohinc (2010), S.20.

Weiterhin haben Projekte stets eine Komplexität. Diese wird nach zahlreichen Kriterien bestimmt, welche aber von Unternehmen zu Unternehmen unterschiedlich sein können. Die International Project Management Association hat zur Erleichterung und Vergleichbarkeit Vorgaben zur Einstufung der Projektkomplexität in Projektkategorien als Leitfaden festgelegt.[5] Im weiteren Verlauf des Kapitels 2.1.2 werden die einzelnen Projektkategorien erläutert. Es wird dargestellt, welche Fähigkeiten die Verantwortlichen zur Projektabwicklung aufweisen müssen, um ein Projekt mit der gegebenen Komplexität erfolgreich durchführen zu können.

Der Begriff Projektmanagement ist nachvollziehbar aus den Begriffen Projekt und Management zusammengesetzt. Die Definition für Projekt wurde eingangs erläutert. Management ist jedoch ebenso ein widerspruchsfreier Begriff, welcher aus den Phasen Planung, Organisation, Durchführung und Kontrolle besteht und den Einsatz von Menschen zur Zielerreichung ausnutzt.[6] Ein Projekt ist aufgrund der Rahmenbedingungen, Zielen und Risikogruppen mit einem Unternehmen zu vergleichen und auch so zu behandeln. Die Projektverantwortlichen müssen zum Erfüllen der wirtschaftlichen, technologischen und zeitlichen Projektziele unternehmerisches Verständnis aufweisen. Dazu ist das umzusetzende Vorhaben zu planen, zu überwachen und zu steuern. Die erforderlichen Instrumente zur Erreichung der Projektziele sind zur Verfügung zu stellen.

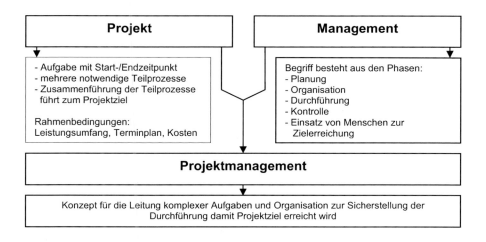

Abbildung 2: Definition Projektmanagement[7]

Mit Hilfe des Projektmanagements soll die Zusammenführung der einzelnen Teilprozesse gezielt und termingerecht erfolgen. Abbildung drei erklärt die

---

[5] Vgl. www.ipma.ch
[6] Vgl. Litke (2007), S.20.
[7] In Anlehnung an Rinza (1998), S.5.

Zusammenhänge zwischen der Projektorganisation, der Projektlenkung und der Projektdurchführung. Diese Bestandteile des Projektmanagements stellen die Erreichung der Projektziele sicher. Des Weiteren werden die Einflüsse des Auftraggebers, des Projekt ausführenden Unternehmens und der am Projekt beteiligten Mitarbeiter exemplarisch dargestellt, um den Umfang eines professionellen Projektmanagements zu verdeutlichen. Die Abbildung stellt die Grundlage für eine Stakeholderanalyse im Projektmanagement dar, welche zu Beginn eines Projekts aufgestellt werden sollte.

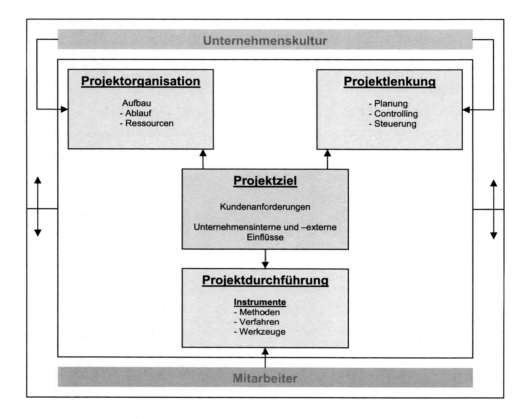

Abbildung 3: System des Projektmanagements[8]

2.1.1 Definition Project Slippage

Wie im Kapitel 1.1 bereits erwähnt, stellt die Project Slippage die Veränderung der Erfolgsspanne eines Projekts dar. Damit eine Vergleichbarkeit zwischen den Projekten möglich ist, welche stets unterschiedlich hohe Auftragssummen und kalkulierte Kosten aufweisen, eignet sich die Angabe einer relativen Kennzahl.

---

[8] In Anlehnung an Daenzer (1982), S.8.

Deshalb werden die Projektspanne und die Project Slippage in prozentualer Schreibweise angegeben. Das Projekt wird von Mitarbeitern des Selling Centers bzw. der Vertriebsabteilung der betrachteten Unternehmensorganisation kalkuliert. Bei dieser Kalkulation werden die benötigten Kosten, bestehend aus den Einzelkosten zur Realisierung des Projektziels als auch den Gemeinkosten für die Vertriebsleistung, zusammengestellt. Auf die kalkulierten Kosten wird der prozentual zu erzielende Gewinn aufgerechnet und schließlich das Angebot abgegeben. Da es im industriellen Umfeld üblich ist, die Angebote mit dem Kunden zu verhandeln, ist ein Skonto oder gesonderte Rabatte mit zu berücksichtigen. Die Differenz zwischen dem verhandelten Kundenpreis, unter Berücksichtigung der kalkulierten Gesamtkosten des Projekts und der Nachlässe, ergibt den Projektgewinn.

Während der Projektdurchführung hat der Projektverantwortliche die Aufgabe, die Projektkosten zu reduzieren oder zumindest auf gleichem Niveau zu halten. Des Weiteren sind der Auftragswert und damit der Endpreis des Kunden durch zusätzliche Leistungen, welche in der Regel aber Kosten verursachen, weiter zu erhöhen. Eine Kostenreduktion sowie eine Auftragserweiterung erhöhen jeweils die Project Slippage. Als Kennzahl fungiert die Project Slippage auch als Leistungsnachweis für den Projektverantwortlichen und eignet sich bei der Umsetzung der Führungsstile Management by Objectives und Management by Results.[9] Abbildung vier stellt den Zusammenhang anhand eines Beispiels dar.

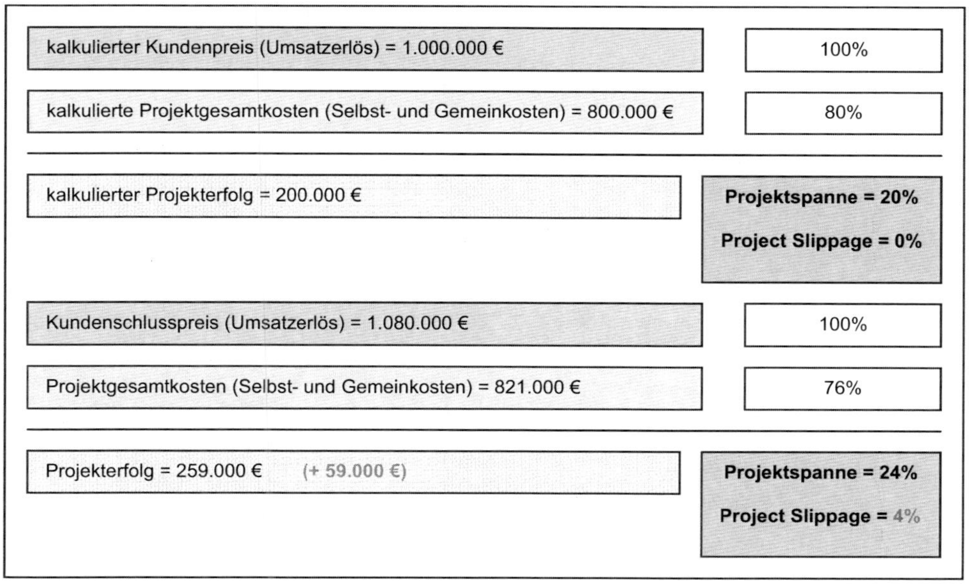

Abbildung 4: Project Slippage[10]

[9] Vgl. Wöhe/Döring (2010), S.127 und S.200.
[10] Eigene Darstellung

2.1.2 Bestandteile der Projektbearbeitung

Zum Projektstart ist die wichtigste Aufgabe der Projektverantwortlichen, das Pflichtenheft bzw. den Liefer- und Leistungsumfang zu kontrollieren und Eckdaten zur Ressourcenplanung zu gewinnen. Dabei sind Unklarheiten mit dem Auftraggeber zu beseitigen und Abgrenzungen zu anderen Gewerken zu ziehen, um spätere Diskussionen der Liefer- und Leistungsgrenze zu vermeiden. Abweichungen zum ursprünglich beauftragten Umfang lassen sich so erkennen und durch einen zusätzlichen Auftrag bzw. durch eine Auftragserweiterung finanziell geltend machen. Diese Vorgehensweise wird als Claimmanagement bezeichnet. Aus dem englischen übersetzt bedeutet Claim Anspruch. Stellt der Projektverantwortliche im Projektverlauf Abweichungen von der geschuldeten Leistung fest, so hat er dies beim Auftraggeber anzuzeigen und ein Nachtragsangebot (Change Request) zu stellen. Wird dieser Anspruch vom Auftraggeber akzeptiert, so resultiert daraus eine Vertragsänderung bzw. Vertragserweiterung, welche als Change Order bezeichnet wird. Wird der Claim abgelehnt, so sind die zusätzlich entstandenen Kosten in letzter Instanz juristisch durchzusetzen. Zu beachten ist, dass im Rahmen des Baurechts bzw. der Vergabe- und Vertragsordnung von Bauleistungen (VOB) nur Leistungen als Nachtrag auszuführen sind, wenn diese für einen reibungslosen Bauablauf erforderlich sind.[11] Dazu muss keine schriftliche Beauftragung (Change Order) vorliegen. Abbildung fünf stellt die Zusammenhänge und den Aufbau des Claimmanagements grafisch dar.

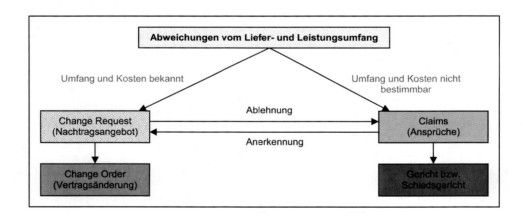

Abbildung 5: Zusammenhänge des Claimmanagements[12]

[11] Vgl. VOB (2010), §1 Abs. 4 VOB/B, S.121.
[12] Eigene Darstellung

Nach der Klärung des Liefer- und Leistungsumfangs müssen die für die Ziel-erreichung notwendigen Teilprozesse geplant werden. Im Projektmanagement ist zu beobachten, dass die Komplexität von Projekten stetig steigt und die Dynamik aller Parameter zunehmend höher wird.[13] Entsprechend wird der Projektverant-wortliche geradezu gezwungen, ein Projekt systematisch zu planen. Die Projekt-planung steht im Wesentlichen für die Informationsgewinnung, um den zukünftigen Projektverlauf gedanklich zu erfassen und stellt somit einen Leitf-aden für das erforderliche Handeln dar.[14] Bei der Projektplanung hat der Verant-wortliche alle nötigen Ressourcen und Aktivitäten zu berücksichtigen, welche erforderlich sind, um das Projektziel zu erreichen. In Folge dessen sind diese Ressourcen und Werkzeuge zur Umsetzung, zur Verfügung zu stellen oder zu beschaffen. Das Projektorganigramm ist ein Produkt der ersten Überlegungen. Die Projektplanung ist weiterhin Bestandteil der Projektlenkung und bietet mit wenigen, dafür aber wesentlichen Darstellungen bzw. Dokumenten einen Roten Faden für die Durchführung des Projekts an dem sich alle Projektbeteiligten orientieren können. Zur Projektplanung gehört als Element der Projektstruktur-plan. Dabei werden die einzelnen Schritte und Aufgaben in Arbeitspakete zusammengefasst, um so die zu erbringenden Leistungen klar vorzugeben und messbar zu machen.[15] Auch eine spätere Einschätzung zum Fertigstellungsgrad ist so leichter zu treffen. An den Projektstrukturplan knüpft unmittelbar der Ablaufplan an. Der Ablaufplan ordnet die Arbeitspakete nach deren Fertig-stellungszeitpunkt. Da die Arbeitspakete voneinander abhängen und aufeinander aufbauen, muss eine Strukturvorgabe erfolgen, um einen reibungslosen Ablauf zu gewährleisten.[16]

Jedes Projekt hat sich darüber hinaus an einem Terminplan zu orientieren. Als wesentlichste Termine gelten der Anfangs- und der Endtermin. In den meisten Fällen gibt es bei komplexen Projekten Zwischentermine, welche Meilensteine genannt werden, die zu berücksichtigen sind. Die Erstellung des Terminplans kann sowohl vom Auftraggeber übernommen werden, als auch vom Auftragnehmer. Dies hängt wesentlich von der Konstellation im Projekt ab. Ist der Auftragnehmer für das gesamte Projekt verantwortlich, so kennt er nur den Anfangs- und Endtermin und hat die Zwischentermine selbst festzulegen sowie mit allen beteiligten Parteien abzustimmen.

Wie bereits erläutert, setzt sich das Projektziel, und damit der Liefer- und Leistungsumfang, in der Regel aus vielen verschiedenen Arbeitspaketen bzw. Teilprozessen zusammen, welche zusätzlich voneinander terminlich abhängig

---

[13] Vgl. Grösser (2011), S.18-25.
[14] Vgl. Litke (2007), S.83.
[15] Vgl. Hemmrich/Harrant (2011), S.20.
[16] Vgl. Litke (2007), S.90.

sind.[17] Ist der Auftragnehmer dagegen nur für ein Teilprojekt verantwortlich, so hat er sich mit seiner Projektdurchführung an den bestehenden Gesamtterminplan anzupassen. Nichts desto trotz ist für die erfolgreiche Projektabwicklung des Teilprojekts auch ein interner Terminplan zu erstellen, an dem sich das ausführende Team zu orientieren hat. Die Pflicht der Projektverantwortlichen ist, wie bereits erwähnt, die benötigten Ressourcen zur Abwicklung zu beschaffen. Aus dem Terminplan resultierend ist der Ressourcenbedarf zeitlich zu koordinieren, um eine termingerechte Ausführung zu gewährleisten. Folglich ist ein Kapazitätsplan abzuleiten, der auch dafür sorgt, dass rechtzeitig Material bereitgestellt wird. Ein außerplanmäßiges Aufstocken des Personals ist im Projektverlauf schwierig, eine Vorhaltung von zusätzlichen Ressourcen oft nicht möglich. Schlussendlich ist ein Kostenplan erforderlich, um vorab zu wissen, wann und in welcher Höhe Kosten auf das Projektkonto auflaufen. Dies hat zwei Hintergründe, zum einen müssen finanzielle Mittel zur Verfügung gestellt werden, um die Kosten zu decken und zum anderen ist es wichtig, stets eine Vorhersage treffen zu können in wieweit die geplanten bzw. kalkulierten Kosten mit den tatsächlichen Kosten korrespondieren.[18] Zur Finanzmittelbereitstellung sei noch erwähnt, dass kurzfristig benötigtes Kapital in der Regel teurer ist als frühzeitig organisierte Zahlungsmittel, welches wiederum die Projektkosten unplanmäßig in die Höhe treibt.

Sobald die Projektplanung, mit der Erstellung der genannten fünf Planarten, die Sichtung sowie Prüfung des Liefer- und Leistungsumfang abgeschlossen ist, sind von den Projektverantwortlichen Festlegungen zu treffen, wie und durch wen die Pläne im Projektverlauf kontrolliert werden. Die bei der Projektplanung erstellten Pläne sind ständig aktuell zu halten und bei Bedarf durch den Projektverantwortlichen anzupassen.[19] Eine Realisationskontrolle der Pläne erfolgt durch den Vergleich des Normwerts, sprich Soll, und des tatsächlichen Vergleichswerts, sprich Ist.[20] Verpflichtend ist gleichzeitig die Angabe einer Vorhersage basierend auf den tatsächlich aufgelaufenen und den in der Projektplanung erwarteten Ereignissen. Somit ist es möglich, eine Auskunft zu einem Stichtag zu geben, in welche Richtung sich das Projekt zum Projektende hin bewegt. Auch der Terminplan ist einem Soll und Ist Vergleich bzw. einem Soll und Wird Vergleich, welcher Fortschrittskontrolle genannt wird, zu unterziehen. Denn nur so werden Terminabweichungen und damit Verzugsrisiken deutlich.[21] Die zuvor im Projektstrukturplan erstellten Arbeitspakete erleichtern nun das Controlling,

---

[17] Vgl. Litke (2007), S.101.
[18] Vgl. Hölzle (2007), S.116.
[19] Vgl. Schreckeneder (2010), S.156 ff.
[20] Vgl. Wöhe/Döring (2010), S.164.
[21] Vgl. Wöhe/Döring (2010), S.165.

denn der dort festgeschriebene Leistungsumfang hat zu einem bestimmten Termin ohne nicht ausdrücklich freigegebene Änderungen durch den Projektverantwortlichen fertig gestellt zu sein. Wie beim Kostenplan beschrieben, ist es zusätzlich ratsam, zu einem Stichtag einen möglichen Endtermin vorherzusagen. Auch beim Ressourcenplan bietet sich ein Vergleich des tatsächlichen Personaleinsatzes bzw. Materialeinsatzes an, um so rechtzeitig eine Überlastung der Ausführenden zu erkennen und zusätzliche Ressourcen zur Verfügung zu stellen bzw. eine Unterbeschäftigung zu vermeiden, um Ausfälle zu verhindern und Kosten einzusparen. Generell gilt beim Projektcontrolling, dass bei der Feststellung einer Abweichung gegenüber den Planwerten Korrekturmaßnahmen getroffen werden müssen. Erkennt der Projektverant-wortliche beispielsweise, dass die Kosten zum Fertigstellungsgrad der Ausführungen zu hoch sind, so sind die Ursachen dafür zu analysieren, um entsprechend gegen zu steuern oder zusätzliche Finanzmittel, sei es vom Auftraggeber oder dem eigenen Unternehmen, zur Verfügung gestellt zu bekommen. Im umgekehrten Fall ist eine vorzeitige Anpassung der Projekt-spanne erforderlich, um den zusätzlichen Projekterfolg zu realisieren. Bei der Abweichung auf der terminlichen Schiene sind bei eigenem Verzug die Ressourcen zu erhöhen, um so die Ausführungsleistung zu beschleunigen und bei Vorsprung die Ressourcen zu reduzieren, um so Kosten einzusparen. Allerdings sind bei terminlichen Abweichungen stets die Gründe zu analysieren, denn oftmals liegt die Ursache nicht in zu gering kalkulierten Ressourcen sondern im Verzug der gesamten Maßnahme, welche durch nicht planmäßig ausgeführte Vorleistungen hervorgerufen werden. In diesem Fall ist der Auf-traggeber unverzüglich zu informieren, um neue Vertragstermine zu verhandeln und eine mögliche Verzugsstrafe abzuwenden.[22]

Im Kapitel 2.1 wird erläutert, dass ein Projekt wie ein Unternehmen zu sehen und zu führen ist. Entsprechend ist auch im Laufe eines Projekts eine Anlage- und Vermögensverwaltung zu installieren.[23] Der Fachbegriff dafür ist Asset Manage-ment. Damit das Projekt wirtschaftlich abgewickelt wird, ist darauf zu achten, dass Forderungen zum vereinbarten Zahlungsziel erfüllt werden damit der Cash Flow positiv bleibt. Dies sorgt wiederum dafür, dass das ausführende Unternehmen nicht in finanzielle Vorleistung treten und sich Finanzmittel be-schaffen muss bzw. Mittel unnötig bindet, welche Geld kosten. Darüber hinaus sind Verbindlichkeiten rechtzeitig zu begleichen, um keine zusätzlichen Kosten durch Mahn- und Verwaltungsgebühren tragen zu müssen. Wesentliche Aspekte im Projektmanagement sind das Organisieren von Materialbeständen, Lieferung

---

[22] Vgl. VOB (2010), §6 VOB/B, S.126.
[23] Vgl. Wildemann (2012), S.21 ff.

von Material, Lagerhaltung und Vorhaltung von Personal. Benötigtes Material muss nach dem „Just-in-Time" Prinzip angeliefert werden. Kosten für die Einlagerung, oder im Umkehrschluss für eine Expresslieferung bei verspäteter Bestellung laufen als zusätzliche Kosten ebenfalls in das Projektbudget ein und schmälern die Project Slippage. Schlechte Ressourcenplanung hat unter Umständen zur Folge, dass dienstleistendes Personal schnell zu beschaffen ist was zum einen eine ungünstige Verhandlungsposition hervorruft und damit teuer wird. Zusätzlich ist auch eine nicht optimale Auslastung des Personals aus wirtschaftlicher Sicht ungünstig. Entsprechend sind situationsbedingt, zeitnah Bestände und Ressourcen auf- oder abzubauen. Aus den genannten Gründen ist das Asset Management im Projekt zu organisieren und wenn notwendig, bei komplexen Projekten in ein Supply Chain Management zu erweitern.[24] Das Asset Management obliegt in der Regel dem kaufmännisch Projektverantwortlichen. Mehrkosten, die durch Assets verursacht werden, können in der Regel beim Auftraggeber nicht zusätzlich geltend gemacht werden. Diese gesondert entstandenen Kosten werden als Non Conformal Costs (NCC) bezeichnet. Abbildung sechs fasst die Beschreibung des Asset Managements zusammen. Die Wichtigkeit im Projekt soll durch die Visualisierung unterstrichen werden.

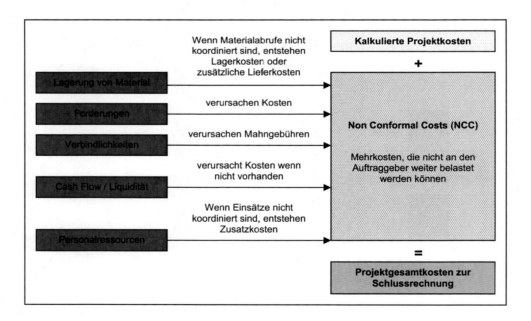

Abbildung 6: Asset Management im Projekt[25]

---

[24] Vgl. Meindl/Chopra (2013), S.13 ff.
[25] Eigene Darstellung

Damit die Qualität im Projektmanagement vergleichbar ist und bleibt, gibt es verschiedene Organisationen, die die richtigen Vorgehensweisen im Projektmanagement in Leitfäden zusammenfassen, die Ausführungsqualität bewerten und überwachen sowie eine berufliche Laufbahn mit Zertifizierungsstufen für Projektmitarbeiter und –verantwortliche ermöglichen. Die Komplexität von Projekten ist stets unterschiedlich und lässt sich nicht an finanziellen Rahmenbedingungen oder Aufgabenstellungen bewerten. Schließlich kann ein Projekt für ein kleines mittelständisches Unternehmen bereits ein Großprojekt sein, das alle Mitarbeiter einbindend und im Kostenrahmen den Jahresumsatz erreicht. Das gleiche Projekt wäre in einem DAX notierten Konzern mit einer deutlich größeren Belegschaft und einem um ein vielfaches höheren Jahresumsatz nur ein kleines Projekt, was beiläufig durchgeführt wird. Entsprechend müssen sich die Unternehmen, welche ein professionelles Projektmanagement betreiben, selbst bewerten und die Komplexitätsbestandteile einer Kennzahl zuordnen. Die abzuwickelnden Projekte sind dann in die geltenden Kategorien einzuordnen. Im Anhang A auf Seite 84 befindet sich Abbildung 27, diese zeigt beispielhaft eine mögliche Scoring Tabelle zur Festlegung der Projektkomplexität.

Das zur Untersuchung heran gezogene Unternehmen hat zur Bewertung der Komplexität einen eigenen Prozess entwickelt. Dabei werden die Rahmenbedingungen des Projekts wie Auftragswert, kalkulierte Kosten und Ausführungszeit als Basis genommen. Die verantwortlichen Führungskräfte bewerten daraufhin die Kundenbeziehung, die beteiligten Gewerke, die Anzahl der am Projekt teilnehmenden Personen, die Spanne des Liefer- und Leistungsumfangs, die Vertragssituation zwischen dem Auftraggeber und –nehmer und die eingesetzte Technik mit möglichen finanziellen Risiken nach einem Punktesystem. Projekte mit einer niedrigen Komplexität haben in der Auswertung weniger als sechzig Punkte und werden als D, E oder F-Projekt eingestuft, C-Projekte mit einer hohen Komplexität erreichen sechzig bis fünfhundert Punkte, B-Projekte mit einer sehr hohen Komplexität erreichen mehr als fünfhundert bis tausend Punkte und A-Projekte mit einer extrem hohen Komplexität haben mehr als tausend Punkte.

Diese Einstufung ist äquivalent zu den Kategorien der International Project Management Association. Mit dieser Kategorisierung wird sicher gestellt, dass die Projektverantwortlichen über die erforderliche Erfahrung zur erfolgreichen Projektabwicklung verfügen. Projekte der Kategorie C werden von Project Managern (PM) abgewickelt, Kategorie B/C von Senior Project Managern (SPM) und Projekte der Kategorien A/B/C von Verantwortlichen mit dem Grad eines

Project Director (PDir). Bei dem betrachteten Unternehmen werden Projekte mit einem Auftragsvolumen von weniger als einhunderttausend Euro generell als Kleinprojekte eingeordnet. Die Projekte der Kategorien D, E und F werden von Projektleitern (PL), vergleichbar mit Level D der International Project Management Association, abgewickelt.[26] Die einzelnen Berufsprofile werden im nachfolgenden Kapitel erläutert. Damit das Problem dieser Untersuchung gelöst werden kann, werden bei der Betrachtung der Einflussfaktoren auf die Project Slippage ausschließlich Projekte der Kategorien A, B und C herangezogen. Bei Projekten der Kategorien D, E und F ist aufgrund der geringen Komplexität nicht davon auszugehen, dass alle Einflussfaktoren, welche in der Literatur genannt und in dieser Studie exzerpiert werden, auch tatsächlich auftreten. Bei vielen Kleinprojekten ist beispielsweise der zeitliche Aufwand für eine Strukturierung der einzelnen Arbeitsschritte zu hoch, vor allem dann, wenn es sich zur Projekt-zielerreichung um einen einzigen Arbeitsschritt handelt. Dies ist typischerweise bei Projekten der Fall, die lediglich eine Dienstleistung, welche in einem Arbeitsschritt ausgeführt wird, eines einzelnen Spezialisten bedürfen. Die Erkenntnisse bei der Untersuchung von Projekten der Kategorien A, B und C lassen sich aber im Gegenzug auch auf Projekte der Kategorien D, E und F bzw. allgemein auf Kleinprojekte übertragen. Abbildung sieben fasst die Kategorien und die Komplexität, welche sich an Abbildung 27 auf Seite 84 orientiert, zur Zuordnung der Expertise der Projektverantwortlichen zusammen.

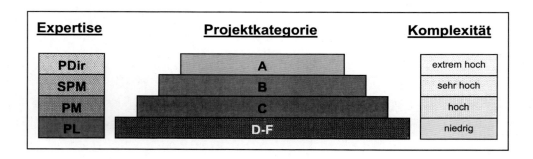

Abbildung 7: Zusammenhang Expertise, Projektkategorie und Komplexität[27]

Schlussendlich finden sich zahlreiche Werke, welche sich mit dem Projekt-management befassen und unterschiedlichste Ansätze zur Projektbearbeitung liefern. Projektabläufe sind jedoch stets gleich. Als geeignete Zusammenfassung ist Abbildung acht auf der nächsten Seite zu sehen.

---

[26] Pannenbäcker (2011), S.35-38.
[27] Eigene Darstellung

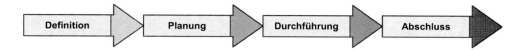

Abbildung 8: Generelle Ablaufphasen eines Projekts[28]

2.1.3 Rollen im Projektmanagement

Damit die Problemstellung repräsentativ bearbeitet werden kann, werden im wissenschaftlichen Teil dieses Buchs Experten des Projektmanagements befragt. Die im Folgenden genannten Berufsbezeichnungen und Profile gelten sowohl für Frauen wie auch für Männer.

Um ein möglichst großes Spektrum der verantwortlichen und einflussreichen Personen im Projektmanagement abzudecken, werden neben Projektleitern und Projektmanagern auch Projektbearbeiter, sprich Sachbearbeiter, und Projekt-kaufleute befragt. Führungskräfte, sowohl technische als auch kaufmännische, werden zusätzlich mit einbezogen, um so eine Einschätzung geben zu können, ob sich die strategischen Unternehmensvorgaben für ein erfolgreiches Projekt-management mit den Einschätzungen der ausführenden Mitarbeiter decken. Abweichungen zwischen beiden Gruppen können so nachvollzogen werden.

Für diese Untersuchung werden vier Berufsgruppen gebildet. Eine Gruppe stellen die ausführenden Projektleiter und Projektbearbeiter, welche bislang keine Zertifizierung erworben haben, und die zertifizierten Project Manager inklusive der Senior Project Manager und der obersten Zertifizierungsstufe, Project Director, dar. Schließlich werden die Projektkaufleute als Gruppe zwei be-zeichnet. Die Führungskräfte werden nach technisch und kaufmännisch unterteilt und bilden somit die Gruppen drei und vier. Die individuellen Anforderungsprofile zur Ausübung der Tätigkeiten in der jeweiligen Rolle werden an dieser Stelle kurz erläutert.

Projektbearbeiter sind verantwortlich für die Abarbeitung von Teilprojekten, welche sie von den Projektleitern oder Project Managern zugewiesen bekommen, und für kleine Kundenaufträge. Sie tragen keine Projekt-verantwortung, müssen aber dennoch die Projekttermine und Kosten sowie die Qualität im Auge behalten. Ein Projektbearbeiter ist keine Führungskraft, da ihm keine Projektmitarbeiter unterstellt sind. Dies kann jedoch je nach Größe des Projektteams von dem Projektverantwortlichen delegiert werden. Ein Projektleiter

---

[28] Eigene Darstellung

leitet und verantwortet dagegen Kleinprojekte der Kategorien D, E und F. Er kann zusätzlich bei Großprojekten die Projektverantwortlichen unterstützen indem er klar abgegrenzte Teilprojekte leitet. Die ihm für die Abwicklung des Projekts zugeteilten Mitarbeiter und Subunternehmer hat der Projektleiter zu führen. Er ist neben der Einhaltung der Kosten, Termine und Leistungen auch für das Projektergebnis direkt verantwortlich. Im Rahmen seiner Tätigkeit hat er zusätzliche Leistungen, welche nicht im vertraglichen Liefer- und Leistungsumfang abgedeckt sind, zu bewerten und als nachträglichen Auftrag auszuführen. Die Einstufung als Projektleiter ist in der Regel nach mehr als drei erfolgreich abgewickelten Projekten der Kategorien D, E und F möglich. Führungserfahrung wird nicht benötigt.

Die Anforderungen an einen Project Manager, Senior Project Manager oder Project Director sind mit denen des Projektleiters weitestgehend vergleichbar. Den Unterschied macht jedoch die Größe des Projekts und damit das finanzielle Risiko im Misserfolgsfall für das Unternehmen. Des Weiteren haben zertifizierte Projektverantwortliche einen erweiterten Handlungsspielraum und sind für das Unternehmen oftmals unterschriftsberechtigt. Das Projektteam wird unweigerlich größer, was ein größeres Konfliktpotential mit sich bringt, welches nur durch Menschenkenntnis und Führungserfahrung zu beherrschen ist. Entsprechend muss der Kandidat für die Zulassung zum Zertifizierungsprozess umfangreiche Projekterfahrung nachweisen. Bei der Zertifizierung zum Project Manager sind es ein Jahr Leitung von Projekten der Kategorien D und E sowie zwei weitere Jahre Kernteammitglied in Projekten der Kategorien A, B oder C. Die Größe des direkt geführten Teams muss über ein Jahr bei mindestens vier Personen liegen. Ein Senior Project Manager muss mindestens drei Jahre die Leitung von Projekten der Kategorie C verantworten und über zwei Jahre Teams von mindestens sechs Mitarbeitern geführt haben. Ein Project Director hat sechs Jahre Leitung von B Projekten vorzuweisen und Führungserfahrung von sechs Jahren mit einer Mindestteamgröße von acht Personen. Beim Vergleich der einzelnen Projektrollen wird deutlich, dass sich die Profile nicht durch besondere Fähigkeiten oder Techniken unterscheiden, welche von den Grundlagen abweichen, sondern das Berufserfahrung und Führungskompetenzen im Vordergrund stehen.[29] Demnach ist davon auszugehen, dass sowohl Projektbearbeiter als auch zertifizierte Projektverantwortliche im Rahmen ihrer individuellen Projekterfahrung eine treffende Einschätzung für die Einflussfaktoren auf die Project Slippage geben können.

---

[29] Pannenbäcker (2011), S.35-38.

Eine weitere wichtige Berufsgruppe zur erfolgreichen Abwicklung von Projekten betrifft die der Projektkaufleute. Diese Personen sind für alle kaufmännischen Themen wie Aufstellung der betriebswirtschaftlichen Kennzahlen anhand einer fortlaufenden Projektmitkalkulation, der kaufmännischen Verwaltung in EDV-gestützen Systemen wie SAP und Rechnungslegung zur Verringerung der Assets verantwortlich.[30] Des Weiteren unterstützen die Kaufleute den Projektverantwortlichen bei der Beauftragung von Subunternehmern, Bestellungen von Material und Dienstleistungen sowie bei der Erfassung des Leistungsstands über eine Aufmaßführung. Als Weiterentwicklungsmöglichkeit bei erhöhter Verantwortungsbereitschaft differenziert sich der Erste Kaufmann von den Projektkaufleuten. Ein erweiterter Handlungsspielraum mit Unterschriftsberechtigung und eine übergreifende Einbindung in mehrere Projekte runden dieses Profil ab. Beide Profile haben im Projekt jedoch keine Führungsverantwortung weder fachlich noch disziplinarisch.

Die letzte hier zu betrachtende Berufsgruppe betrifft die Führungskräfte im Projektmanagement. Die Stelle des Leiters Projektmanagement (LPM) hat die Aufgabe, den Projekterfolg unternehmerisch zu überwachen und gegebenenfalls einzugreifen bzw. Hilfestellung zu geben. Weiterhin steht hier die Kundenpflege im Fokus, um in Konfliktsituationen zwischen dem Auftraggeber und dem Projektverantwortlichen eine zusätzliche Schlichtungs- und Eskalationsstufe zu generieren. Das Führen der Projektverantwortlichen auf fachlicher und disziplinarischer Ebene gehört ebenso zu den Aufgaben wie das Weiterentwickeln der individuellen Fähigkeiten, um damit die Möglichkeit zur Zertifizierung zu schaffen. Für diese Befragung entscheidend ist jedoch, dass die Stelle des Leiters Projektmanagement dafür Sorge zu tragen hat, dass die Vorgaben für ein erfolgreiches Projektmanagement, welche aus der Literatur und dem internen Projektmanagement Prozess zu entnehmen sind, umgesetzt und eingehalten werden. Dieses Profil hat weiterhin dafür Sorge zu tragen, dass alle technischen und personellen Vorraussetzungen getroffen werden, um die Projekte erfolgreich abwickeln zu können.

Die bereits beschriebenen Profile sind im operativen Geschäft tätig. Das Top Management, welches die Geschäftsverantwortung inne hat und taktisch sowie strategisch tätig ist, wird bei dieser Untersuchung ebenfalls mit einbezogen. Entsprechend ist auch hier sowohl die Divisionsleitung, die technische Geschäftsleitung als auch die kaufmännische Geschäftsleitung zu befragen, da sie Rückschlüsse aus den Projektergebnissen ziehen und die Prozesse zur Umsetzung eines erfolgreichen Projektmanagements formulieren. Interessant

---

[30] Steeger (2012), S.3-12.

wird dabei, wie bereits angesprochen, festzustellen, in wie weit die strategischen Vorgaben der Unternehmensführung im operativen Geschäft umgesetzt werden. Es wird auch erkennbar sein, ob die technischen und wirtschaftlichen Vorrausetzungen zur Umsetzung der Vorgaben auch tatsächlich bei den ausführenden Projektverantwortlichen vorhanden sind. Abbildung neun fasst die genannten Rollen im Projektmanagement hierarchisch zusammen und ordnet den jeweiligen Gruppen die passenden Handlungsstrategien zu.

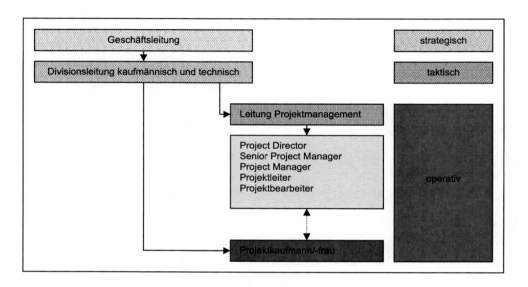

Abbildung 9: Rollen des Projektmanagements im hierarchischen Kontext[31]

2.2 Forschungsdesign

Die Grundlagen der empirisch-sozialwissenschaftlichen Forschung und damit die Vorgehensweise zur Evaluierung der Forschungsfrage werden in diesem Abschnitt beschrieben. Zu Beginn wird die Befragungssystematik erläutert und anschließend der Auswahlplan vorgestellt. Die Wahl der Grundgesamtheit sowie die Nennung des Zeitplans zur Befragung beinhaltet das erste Kapitel 2.2.1. Die Befragungsart, die Frageart sowie die Frageform im Kapitel 2.2.2 führen zum Aufbau des Fragebogens im Kapitel 2.2.3. Die Erläuterungen zur Auswertung der Daten sowie die damit verbundene Datenanalyse schließen diesen Abschnitt ab. Der Leser soll so einen Leitfaden zur Erstellung eines Forschungsdesigns erhalten und gleichzeitig die Bearbeitung der Forschungsfrage in wissenschaftlicher Form nachvollziehen können.

---

[31] Eigene Darstellung

Der entwickelte Fragebogen, zur Erhebung der Forschungsfrage, befindet sich im Anhang B ab Seite 85.

2.2.1 Befragungssystematik

Neben der analytischen und literarischen Annäherung an die Frage welche Faktoren für eine positive bzw. negative Veränderung der Project Slippage verantwortlich sind, soll eine Hypothesen testende Forschung, basierend auf einer deskriptiven Forschung, mittels eines Fragebogens heran gezogen werden.

Die Hypothesen testende und damit iterative Forschung bietet sich an, da bei dieser Art der Befragung vorab Vermutungen getroffen und diese dann empirisch formuliert werden.[32] Die Hypothesen werden durch die Analyse der Einflussfaktoren auf die Project Slippage im Kapitel drei entwickelt. Wie im ersten Satz dieses Kapitels bereits erläutert, geht eine Hypothesen testende Forschung stets mit einer deskriptiven Forschung einher. Die deskriptive Forschung zeichnet sich durch eine klar definierte Forschungsfrage und einen entsprechend definierten Untersuchungsbereich aus. Diese Merkmale werden durch die Problembeschreibung im Kapitel 1.1 und in der Folge durch die Auswahl der Befragten erfüllt. In der Literatur werden neben den vorstehend erläuterten Forschungsarten noch die explorative Forschung, die prognostische Forschung und die evaluative Forschung unterschieden.[33] Für eine Entwicklung einer Umfrage muss ein Auswahlplan erstellt werden, der die Zusammensetzung der Befragung definiert.[34] Der Auswahlplan umfasst die Bestimmung der Population bzw. der Befragten. Eine weiter zu klärende Frage ist, in welcher Form die Befragung durchgeführt werden soll bzw. ob es sich bei der Befragung um eine Bestandsaufnahme oder um eine Erfassung von Veränderungsraten handelt. Abschließend wird geklärt, ob es sich bei der Befragung um eine Vollerhebung mit der Einbeziehung aller in Frage kommender Personen handeln muss oder eine Stichprobe ausreichend ist.[35] Die im dargestellten Auswahlplan zu klärenden Fragen werden im nachfolgenden Verlauf beantwortet.

Der Begriff Grundgesamtheit beschreibt per Definition die gesamte Gruppe, welche zur Untersuchung der Forschungsfrage herangezogen wird. In der Sozialwissenschaft wird zusätzlich der Begriff der Untersuchungseinheit angewandt.[36]

---

[32] Vgl. Jacob u.a. (2011), S.69.
[33] Vgl. Jacob u.a. (2011), S.70.
[34] Vgl. Jacob u.a. (2011), S.72 ff.
[35] Vgl. Jacob u.a. (2011), S.73; Vgl. Raab-Steiner/Benesch (2012), S.111 ff.
[36] Vgl. Jacob u.a. (2011), S.74.

Um die Frage nach den Faktoren für eine positive oder negative Veränderung der Project Slippage wissenschaftlich zu beantworten bzw. anzunähern, werden Personen befragt, die als Projektmitarbeiter und Projektverantwortliche im Unternehmen agieren. Dies sind zum einen die nach den Richtlinien der International Project Management Association zertifizierten Projektverantwortlichen, Projektleiter, Projektbearbeiter und Projektkaufleute sowie die dazugehörigen Führungskräfte (Grundgesamtheit). Die Auswahl der Befragten ist zum einen in deren Expertise im Projektmanagement begründet und deren Berufserfahrung im technisch, naturwissenschaftlichen Bereich in dem sich das DAX-Unternehmen bewegt (Untersuchungseinheit). Im soziologischen Umfeld ist diese Art der Befragung auch als Expertenbefragung bekannt.[37] Die Division ist wie im Kapitel 1.1 beschrieben, im Konzern im Sektor städtische Infrastruktur verankert. Innerhalb Deutschlands wird die Division in sechs Regionen unterteilt. Jede Region besitzt die identischen Fachabteilungen und damit ein regional organisiertes Projektmanagement mit den Vorgaben des im Konzern weltweit geltenden Projektmanagement Prozesses. Demnach lässt sich die Befragung auf eine Region reduzieren, welche als Muster für die Division in Deutschland gelten kann. Sowohl die Tatsache der gleich organisierten Einheiten als auch die klar definierte Grundgesamtheit lässt eine Befragung mit Stichprobencharakter zu.[38] Da die Beantwortung der Forschungsfrage mit Hilfe der Grundgesamtheit erfolgen soll, um so eine zuverlässige Basis für die Zusammenführung der Erfolgsfaktoren im Projektmanagement zu erhalten, ist eine Querschnittsuntersuchung ausreichend.[39] Im Gegensatz zur Längsschnittuntersuchung werden keine Anschluss- oder Folgebefragungen durchgeführt, um die Veränderungsraten zu ermitteln. Da die Forschungsfrage bzw. die Problematik durchaus wiederholt auftreten kann, beispielsweise durch eine Rezession oder neue Normen, kann die Befragung als Grundlage dienen, um in Zukunft eine Längsschnittuntersuchung durchzuführen und um die Auswirkungen von veränderten Rahmenbedingungen im Projektmanagement nachweisen zu können. Für eine repräsentative und verwertbare Befragung bedarf es mindestens einer Gruppe von 20 Personen. Damit jedoch die Wahrscheinlichkeit von Verfälschungen durch Ausreißer in der Grundgesamtheit reduziert wird, sollten mindestens 100 Personen befragt werden.[40] Die untersuchte Region des Konzerns beschäftigt im Projektmanagement zum Zeitpunkt der Befragung 8 Project Manager, 26 Projektleiter, 31 Projektbearbeiter, 25 Projektkaufleute und 17 Führungskräfte. Demnach liegt die Grundgesamtheit mit 107 Personen über der

---

[37] Vgl. Jacob u.a. (2011), S.89.
[38] Vgl. Raab-Steiner/Benesch (2012), S.111 ff.
[39] Vgl. Jacob u.a. (2011), S.94 ff.
[40] Vgl. Jacob u.a. (2011), S.75-76.

empfohlenen Mindestanzahl. Die hier geschilderte Expertenbefragung mit einer spezifischen Gruppe und deskriptiver Zielsetzung ist somit repräsentativ.

Für die Ausarbeitung des Fragebogens auf sozialwissenschaftlichen Grundlagen werden zwei Kalenderwochen angesetzt. Vorrausetzung ist, dass die Inhalte der Fragen bereits bekannt sind, was durch das Zusammentragen der Erfolgsfaktoren im Kapitel drei gegeben ist. Sobald die Befragten die Fragebögen erhalten haben, stehen Ihnen zwei Kalenderwochen für die Beantwortung und die Übermittlung an den Autor zur Verfügung. Die enge Vorgabe der Feldzeit wird damit begründet, dass Zeit ein wesentlicher Einflussfaktor für die Meinungsbildung ist. Zahlreiche sozialwissenschaftliche Untersuchungen haben gezeigt, dass innerhalb definierter Zeitspannen, in denen die Befragten mit dem Thema konfrontiert werden, Ereignisse eintreten die das Antwortverhalten beeinflussen.[41] Die Auswertung der Ergebnisse, inklusive der Darstellung in grafischer Form sowie die Analyse der Daten, wird mit einer Zeitvorgabe von einer Kalenderwoche angesetzt.

2.2.2 Art der Befragung

Bei wissenschaftlichen Befragungen werden fünf wesentliche Befragungsarten unterschieden. Diese Arten sind das Telefoninterview, das mündliche Interview, die schriftliche Einzelbefragung, die schriftliche Gruppenbefragung und die Onlinebefragung.[42] Interviewereffekte, welche den Einfluss des Interviewers mittels Aussprache, Gestik und Mimik sowie dessen Motivation, Einstellung und Vorurteile des Interviewers gegenüber der Befragung auf den Befragten beschreiben und übertragen, sollen bei der hier gestellten Forschungsfrage ausgeschlossen werden.[43]

Für die Lösung der hier gestellten Forschungsfrage eignet sich als Befragungsart die schriftliche Befragung mittels Fragebogen.[44] Die gewählte Befragungsart benötigt vorab eine Auswahl der Zielgruppe und eine entsprechende Vorselektion, welche durch die Einschränkung der teilnehmenden Projektbearbeiter, Projektleiter, Project Manager, Kaufleute und Führungskräfte gegeben ist. Ebenso denkbar wäre eine schriftliche Gruppenbefragung, die die gleichen Vorteile der schriftlichen Einzelbefragung bereit hält, jedoch durch die

---

[41] Vgl. Jacob u.a. (2011), S.97-101.
[42] Vgl. Jacob u.a. (2011), S.104-123.
[43] Vgl. Wienold (1995), S.317.
[44] Vgl. Raab-Steiner/Benesch (2012), S.45 ff.

organisatorische Ausrichtung der Region mit mehreren Standorten nur unter größtem Aufwand und hohen Reisekosten zu bewerkstelligen wäre. Zudem müsste für über 100 Personen ein zentraler Termin abgestimmt werden, der es allen Befragten ermöglicht, an der Befragung teilzunehmen. Durch die schriftliche Befragung mit einer Feldzeit von zwei Wochen können sich die Befragten zudem die Zeit selbst einteilen. Wie bereits im Kapitel 2.2.1 erläutert, ist die Feldzeit von zwei Kalenderwochen knapp bemessen, um keine Verfälschungen bei der Meinungsbildung zu erhalten. Das Risiko einer verfälschten Meinungsbildung durch die Einzelbefragung wird jedoch hingenommen, da der Aufwand für eine schriftliche Gruppenbefragung in keinem finanziellen Verhältnis für das geplante Vorhaben steht. Als modernste Befragungsart wird im Bereich der Sozialwissenschaften die Online Befragung genannt. Diese Variante verbindet die Vorteile der schriftlichen Befragung bei niedrigen Kosten. Der Kostenvorteil kann um ein fünffaches niedriger sein als bei einer schriftlichen Befragung, die postalisch verteilt wird.[45] Jedoch ist diese Aussage nicht pauschal anzuwenden, ist die Höhe der Kosten doch in Relation zu der Anzahl der Befragten zu sehen. Da es sich bei der hier durchgeführten Befragung um einen Personenkreis von 107 Personen handelt, welche alle direkt oder per Hauspost zu erreichen sind, ist eine Online Befragung, welche eine Gestaltung der grafischen Benutzer-oberfläche und eine Programmierung der Auswahlmöglichkeiten bedarf, nicht notwendig.

In der Fachliteratur zum Aufbau von Fragebögen im Rahmen wissenschaftlicher Untersuchungen werden weiterhin neun Fragearten unterschieden.[46] Funktionsfragen haben einen zu vernachlässigenden inhaltlichen Charakter, sie sind jedoch für die Dramaturgie einer Befragung bedeutsam. Zu den Funktionsfragen werden die Typen der Einleitungsfragen, der Pufferfragen, der Filterfragen, der Kontrollfragen und der Schlussfragen gezählt. Diese Aufzählung verdeutlicht, dass es sich bei dieser Frageart tatsächlich um Füllfragen zur Auflockerung der Befragung handelt. Wissensfragen sollen das Fachwissen der Befragten erfassen und Aufschluss geben, in wieweit verschiedene Kenntnisse in der Grundgesamtheit vertreten sind und wo möglicherweise Wissensdefizite vorhanden sind. Da Wissensfragen nicht zur Lösung des hier gestellten Problems beitragen können und es sich bei den Befragten um Experten handelt, welche mit der Thematik vertraut sind, wird auf Wissensfragen im Fragebogen verzichtet. Einstellungsfragen befassen sich mit dem Abfragen von subjektiven Einstellungen bzw. Indikatoren. Diese Frageart ist bei der Messung von Einstellungen

---

[45] Vgl. Jacob u.a. (2011), S.123.
[46] Vgl. Jacob u.a. (2011), S.138-163.

zu bestimmten Themen am weitesten verbreitet. Auch bei dieser Befragung wird die subjektive Einstellung der Grundgesamtheit abgefragt und schließlich ausgewertet. Die Forschungsfrage soll durch die Vorgaben der Fachliteratur im Projektmanagement, die Auswertung von positiven und negativen Projektergebnissen und durch die subjektive Empfindung der Experten gelöst bzw. angenähert werden. Fragearten, um Persönlichkeitsmerkmale, Verhaltensmuster bzw. Verhaltensreports sowie die Einstellungen zu Netzwerken zu erforschen, werden bei dieser Befragung nicht angewandt, da diese keinen Beitrag zur Forschungsfrage leisten können. Auch so genannte Proxy-Reports zu kostengünstigen Erhebungen von Daten über Dritte werden hier nicht genutzt, da dies nicht relevant ist.

Soziodemographische Fragen haben das Ziel, das Alter, den Bildungsabschluss, das Haushaltseinkommen bzw. ganz allgemein die persönliche Lebenssituation zu erfassen und so bestimmte Sozialisationsmuster abzubilden. Neben der Nutzung von Einstellungsfragen werden im Fragebogen Fragen zur Berufsgruppe im Projektmanagement, zum Alter und zur Berufserfahrung nach dem Abschluss der Berufsausbildung bzw. dem Hochschulstudium gestellt. Dies soll bei der Klärung der Forschungsfrage helfen und ein Muster abbilden, ob gewisse Erfolgsfaktoren vermehrt bei den erfahrenen Projektbeteiligten auftreten oder ob jüngere Kollegen durch die unbelastete Herangehensweise und möglicherweise ohne die so genannte Betriebsblindheit andere Faktoren als Erfolgspotenzial einschätzen. Fragen zu sensitiven Themen, welche von den Befragten nur ungern beantwortet werden, sind bei dieser Befragung nicht vorgesehen und nicht nötig. Typische Fragestellungen zu sensitiven Themen sind beispielsweise Fragen zum Gehalt oder Fragen bei denen die Befragten Bedenken haben, dass die Beantwortung negative Auswirkungen auf ihre Karrierechancen haben. Durch die anonyme Abfrage wird keine Verbindung zu sensitiven Themen geschaffen. Weiterhin können bei der Befragung einer Grundgesamtheit sieben Frageformen unterschieden werden.[47] Eine weit verbreitete Frageform sind kategoriale Fragen, welche dem Befragten lediglich die Antwortmöglichkeit lassen, ja oder nein bzw. ich stimme zu oder ich stimme nicht zu anzugeben. Damit soll eine Einordnung der Personen in vorgegebene Kategorien ermöglicht werden. Ordinale Fragen haben dagegen die Eigenschaft, dass die Antworten in eine hierarschiche Ordnung zu bringen sind. Mit ordinalen Fragen werden Merkmalsausprägungen erfasst. Auch mit Hilfe von Fragen in Skalenform kann die Messung von Persönlichkeitsmerkmalen durchgeführt werden. Polaritätsprofile, Szenarien und

---

[47] Vgl. Jacob u.a. (2011), S.163-182.

Vignetten bzw. faktorielle Surveys stellen weitere Frageformen dar, die aber hier nicht zum Einsatz kommen.

Um die Forschungsfrage möglichst genau zu beantworten, eignet sich nach Studium der Möglichkeiten als sinnvolle Frageform die Skalenform. Die Befragten erhalten eine numerische Skala von eins bis zehn. Eins bedeutet, dass der in der Frage genannte Einflussfaktor überhaupt keine Bedeutung für die Veränderung der Project Slippage und zehn, dass dies einen sehr hohen Einfluss hat. Somit werden die persönlichen bzw. subjektiven Meinungen einer Zahl zugeordnet, welche mit den übrigen Befragten verglichen und ausgewertet wird. Durch die Nutzung der Skalenform lässt sich der Einflussfaktor der Faktoren unkompliziert aber aussagekräftig wissenschaftlich erfassen. Im folgenden Kapitel 2.2.3 wird die Auswertung der Ergebnisse erläutert.

2.2.3 Aufbau des Fragebogens und Auswertung

Der Fragebogen enthält einen Einleitungstext, der einen Überblick über die Hintergründe der Befragung gibt und die Rahmenbedingungen zur Abarbeitung aufzeigt.[48] Durch die Einleitung wird die Motivation der Befragten gesteigert.[49] Die Feldzeit und der späteste Rücksendetermin an den Autor werden klar genannt. Des Weiteren wird die Art des Rückversands beschrieben. Auch der Hinweis, dass es sich bei der Befragung um eine anonyme handelt, wird im Einleitungstext gegeben. Der vom Autor verfasste Einleitungstext stammt in weiten Teilen aus einem frei zur Verfügung stehenden Musterschreiben der Universität Trier des Fachbereichs IV: Wirtschafts- und Sozialwissenschaften.[50]
Einführend werden drei soziodemographische Fragen gestellt, die wie bereits im Kapitel 2.2.2 beschrieben, eine Auskunft über die Zuordnung der Berufs- zugehörigkeit, die entsprechende Altersgruppe und die Berufserfahrung nach Abschluss der Berufsausbildung oder des Hochschulstudiums geben sollen. Die folgenden Fragenblöcke sind mit geschlossenen Fragen versehen, weil die ermittelten Einflussfaktoren für die Forschungsfrage nicht veränderbar sind.[51] Die Antworten können nicht variiert werden. Das persönliche Meinungsbild wird in eine Skala von eins bis zehn eingruppiert. Die letzten beiden Fragen sind offen gestaltet und fragen sonstige Einflussfaktoren ab. Dies soll den Befragten die Möglichkeit geben, von der Literatur oder der Auswertung der Projekte nicht

---

[48] Vgl. Jacob u.a. (2011), S.183.
[49] Vgl. Raab-Steiner/Benesch (2012), S. 51.
[50] Vgl. Jacob u.a. (2011), S.186.
[51] Vgl. Raab-Steiner/Benesch (2012), S.49-51.

erfasste Einflussfaktoren zu nennen. Vermutlich wird ein solcher Fall bei sehr erfahrenen Projektbeteiligten mit einer ausgeprägten Berufserfahrung auftreten. Denkbar wäre jedoch auch eine Nennung durch Kollegen mit einer geringen Berufserfahrung, welche noch Einflussfaktoren aus ihrer Ausbildungszeit oder aus sozialen Netzwerken einbringen können. Bei der Auswahl der Fragen wird darauf geachtet, dass diese einfach formuliert werden und nur geläufige bzw. im Projektmanagement bekannte Fachbegriffe enthalten. Es werden vollständige Sätze formuliert, die möglichst einfach gehalten sind. Auf Reizwörter und suggestive Formulierungen wird verzichtet. Die Antwortkategorien sind ausbalanciert und für jede Frage mit der Beantwortung in Skalenform identisch. Die Fragen sind eindimensional aufgebaut, der Autor ist der Überzeugung, dass es keinen Raum für willkürliche Interpretationen bezüglich der Fragestellung gibt. Die Fragen sind nach Auffassung des Autors sinnvoll für die Befragten. Des Weiteren sind alle Fragen auch tatsächlich beantwortbar. Generell werden doppelte Verneinungen oder irreführende Formulierungen bei Erstellung der Fragen ausgeschlossen bzw. vermieden. Die Schlussformel wird angewandt, um den Befragten für ihre Teilnahme zu danken und Hinweise zur Veröffentlichung der Befragung zu geben.[52]

Nach Rücklauf der verteilten Fragebögen werden diese gesammelt und innerhalb einer Kalenderwoche ausgewertet. Da es sich bei der Forschungsaufgabe um eine Hypothesen testende Forschung handelt, welche eine deskriptive Forschung mit einschließt, werden die Ergebnisse jeweils in Diagrammen dargestellt und gegenüber gestellt.[53] Bei dieser Auswerteform lässt sich feststellen, wie viele Befragte den jeweiligen Faktor mit gar nicht wichtig bis sehr wichtig bewerten und wie sich diese subjektive Einstellung der Befragten in den einzelnen Berufsgruppen der Projektverantwortlichen, Projektkaufleute und Führungskräfte unterscheidet.[54] Weiterhin wird die Wichtigkeit der einzelnen Faktoren auch in Abhängigkeit der Berufserfahrung und dem Alter der Befragten verglichen. Die Diagramme werden mit dem Programm Microsoft Excel erstellt und grafisch dargestellt. Dies soll, wie bereits erwähnt, eine bessere Vergleichbarkeit der einzelnen Fragen untereinander gewährleisten. Darüber hinaus wird so die Vergleichbarkeit mit den Daten aus der Literatur und der Analyse der Projekte erleichtert. Die offen gestellten Fragen „Sonstiges" werden durch eine Clusterbildung, dem so genannten Struktur-Lege-Verfahren, ausgewertet. Dabei werden die gegebenen Antworten nach Ähnlichkeit gesammelt und in Felder

[52] Vgl. Jacob u.a. (2011), S.189.
[53] Vgl. Raab-Steiner/Benesch (2012), S.85 ff.
[54] Vgl. Jacob u.a. (2011), S.215-224.

eingeteilt. Diese Felder sollen eine Zusammenführung der gegebenen offenen Antworten ermöglichen. Abschließend werden die Ergebnisse der Clusterbildung in einem Pfadmodell grafisch zusammengeführt und dargestellt.[55]

Die Analyse der gesammelten Daten erfolgt durch Vergleiche zwischen den Vorgaben aus der Literatur und den gesammelten Erkenntnissen aus den untersuchten Projekten. Bei der Festlegung der wesentlichen Faktoren wird im Kapitel 3.3 bereits eine Gewichtung eingeführt. Diese Gewichtung soll die Faktoren auf deren Einflusspotential auf die Project Slippage einordnen. Dies geschieht analog zu einer Chancen- und Risikoanalyse im Project Management und wird mit Hilfe einer abgewandelten ABC-Methodik in Abbildung 15 auf Seite 40 grafisch dargstellt.[56] Die Wahrscheinlichkeit, dass eine Veränderung der Project Slippage eintritt, wird mit der Tragweite bzw. Auswirkung auf die Project Slippage in Relation gesetzt. Ist die Wahrscheinlichkeit hoch, dass eine Veränderung eintritt wenn der entsprechende Einflussfaktor unbeachtet bleibt und ist gleichzeitig die finanzielle Tragweite hoch, dann erhält dieser Faktor die größte Gewichtung. Dagegen wären eine niedrige Wahrscheinlichkeit des Eintritts und im Gegenzug eine niedrige finanzielle Tragweite nur eine geringere Gewichtung wert. Das Ergebnis der Datenanalyse ist eine Aussage, ob die Befragten die Einflussfaktoren, welche im folgenden Kapitel drei zusammengestellt werden, mit den gleichen Eintrittswahrscheinlichkeiten bewerten wie es in der Literatur vorgegeben ist und ob sich dieses Ergebnis auch mit den Ergebnissen aus der Untersuchung der Projekte deckt. Zugleich lässt sich abschließend eine Aussage treffen, ob die Befragten verschiedener Altersgruppen und unterschiedlicher Berufserfahrung die gleiche Bewertung der Einflussfaktoren vornehmen. Auch die Erkenntnis wie die Einflusspotentiale der einzelnen Faktoren von den Führungskräften und den Mitarbeitern im operativen Geschäft gesehen werden, gibt Aufschluss über die Denkweisen der Berufsgruppen. Unterschiedliche Erfolgsauffassungen von der Abwicklung der Projekte werden so aufgedeckt. Die gewonnen Erkenntnisse werden als Optimierungsansätze im Kapitel sieben gesammelt und ausformuliert. Sie liefern somit Denkanstöße und können Unternehmensstrategien verändern.

---

[55] Vgl. Jacob u.a. (2011), S.223.
[56] Vgl. Wöhe/Döring (2010), S.335 ff.; Vgl. Vanini (2012), S.157 ff.

3 Wirkungseffekte auf die Projektspanne

In diesem Kapitel sollen die Wirkungseffekte auf die Projektspanne, sprich Einflussfaktoren auf die Project Slippage, zusammengestellt werden. Diese Faktoren stellen zugleich die Hebel für einen wirtschaftlichen Projekterfolg und darüber hinaus einen Gesamterfolg des Projekts dar. Im Abschnitt 3.1 werden die Erkenntnisse aus der Literatur, also aus Fachbüchern, Fachartikeln und Fachveröffentlichungen in Printmedien und dem Internet dargestellt, im Abschnitt 3.2 sind die Vorgaben im Rahmen des Projektmanagement Prozesses der untersuchten Unternehmung zusammen getragen. Im Kapitel 3.3 werden die ermittelten Faktoren aus den unterschiedlichen Quellen verglichen und zusammen gefasst. Des Weiteren soll eine Gewichtung der Einflussfaktoren getroffen werden, um das Einflusspotential auf die Project Slippage zu bewerten. Diese Gewichtung wird bei der Auswertung der Befragungsergebnisse helfen und Optimierungsansätze präzisieren.

3.1 Exzerpt der internationalen Fachliteratur im Bereich Projektmanagement

Bei der Literaturrecherche wird auf die auftretende Detailkomplexität sowie die dynamische Komplexität in Projekten eingegangen und die einzelnen Bestandteile werden erläutert. Weiterhin wird der Einfluss der Projektverantwortlichen untersucht. Dabei hat die Leitung des Projekts Anforderungen zu erfüllen die weit über den reinen Wissenstransfer hinausgehen. Neben Führungskompetenzen gegenüber den Projektmitarbeitern sind das vor allem Persönlichkeitsmerkmale, die ein gesundes Selbstvertrauen und eine ausgeprägte Kritikfähigkeit beinhalten. Die Zusammenstellung des Projektteams wird ebenfalls als zentraler Faktor auf die Project Slippage gesehen und entsprechend betrachtet. Neben ausreichenden Personalressourcen ist vor allem das Zusammenspiel der einzelnen individuellen Fähigkeiten für eine gelungene Teamarbeit ausschlaggebend. Die äußeren Einflüsse werden zunehmend entscheidender für den Ausgang eines Projekts, deshalb wird auch auf die Stakeholder außerhalb des Projektteams kurz eingegangen. Den Abschluss dieses Kapitels bildet eine Zusammenfassung der ermittelten Einflussfaktoren.

Die Detailkomplexität eines Projekts beschreibt die mathematische bzw. kombinatorische Möglichkeit ein Problem zu lösen. Entsprechend geht es hier um die Teilprozesse in einem Projekt die kombiniert werden müssen, um das Projektziel zu erreichen.[57] Diese Aussage lässt sich vereinfacht wie folgt formulieren: komplex sind Entscheidungen dann, wenn mehrere einzelne Bausteine zusammen geführt werden müssen. Diese Art der Komplexität lässt sich mit einer präzisen Projektplanung und der ständigen Kontrolle beherrschen. Im Kapitel 2.1.2 wurde bereits erläutert, dass der Anfang einer jeden Projektbearbeitung stets die Projektplanung ist. Somit ist die Projektplanung einer der Hauptfaktoren des Projektmanagements und steht in unmittelbarem Zusammenhang mit dem Projekterfolg.[58] Die stetig steigende Komplexität im Projektmanagement und damit der schnelle Wandel einzelner Parameter während der Projektabwicklung haben zur Folge, dass der Projektplanung eine zentrale Rolle in der DIN Norm des Projektmanagements zugetragen wurde.[59] Die DIN Norm für das Projektmanagement umfasst die DIN Norm 69900 und die DIN Norm 69001, Teil eins bis fünf. In der DIN Norm 69900 werden die Techniken und Begrifflichkeiten für die Projektplanung beschrieben. Häufig scheitern Projekte durch nicht geklärte Schnittstellen und unklare Projektziele, welche im Rahmen der Projektplanung bereits auftreten.[60] Des Weiteren sind bei der Betrachtung des Pflichtenhefts auch die Vertragsbedingungen zwischen Auftraggeber und Auftragnehmer zu prüfen, da oftmals Nebenkosten in Nebensätzen genannt werden, welche vom Auftragnehmer zu tragen sind. Diese zusätzlichen Kosten sind im Kostenplan und im Budget zu berücksichtigen. Zusätzlich ist erst nach einer Sichtung der Verträge eine aussagekräftige Chancen- und Risikoanalyse zu treffen, um so Optimierungspotenziale und Zusatzkosten zu identifizieren.[61] Bei geklärten Schnittstellen und definiertem Liefer- und Leistungsumfang ist auch ein möglichst präzises Claimmanagement, wie im Kapitel 2.1.2 beschrieben, durchzuführen. Über zusätzliche Aufträge und Erweiterungen lässt sich die Projektspanne verbessern. Das Claimmanagement zählt damit zum festen Bestandteil der Einflussfaktoren auf die Project Slippage.

Damit die Pläne für das Projekt aktuell gehalten und damit Abweichungen frühzeitig erkannt werden, ist das Projektcontrolling ein wichtiger Bestandteil bei der Durchführung von Projekten. Eine akribische Planung ist ohne ein mindestens ebenbürtig geführtes Controlling nutzlos.[62]

---

[57] Vgl. Grösser, (2011), in: S.18-25.
[58] Vgl. Litke (2007), S.83.
[59] Vgl. DIN 69900 (2009), S.2.
[60] Vgl. Herbolzheimer (2010), S.15-23.
[61] Vgl. Vanini (2012), S.7 ff.
[62] Vgl. Schreckeneder (2010), S.9.

Sollten beim Projektcontrolling Abweichungen auffallen, muss unter Umständen der gesamte Planungsprozess neu initiiert, zumindest aber überarbeitet werden. Das Projektcontrolling ist dementsprechend ein wichtiger Erfolgsfaktor und hat große Einflüsse auf die Project Slippage.

Unter dynamischer Komplexität werden im Projektmanagement Einflüsse verstanden, die keine direkte Ursachen- und Wirkungsbeziehungen haben. Dynamische Komplexität lässt sich nicht vorhersagen und ist stark von den Projektbeteiligten abhängig. Die Gründe für ein Auftreten dieser Komplexitätsart sind Verzögerungen, Rückkopplungsbeziehungen, Akkumulationen sowie Nicht-linearität.[63] Verzögerungen beziehen sich auf Änderungen im Projektablauf, die durch äußere Umstände auftreten und im Nachgang durch zusätzliche Kapazitäten ausgeglichen werden müssen, um den Gesamtterminplan nicht zu gefährden. Unter Rückkopplungsbeziehung wird allgemein das Ausdrucks-verhalten eines Menschen verstanden, der durch die indirekte und subjektive Wahrnehmung seines eigenen Verhaltens beeinflusst wird. Dies kann zum Beispiel eine geäußerte Kritik sein, die ein Mensch persönlich nimmt und falsch einordnet.[64] Diese falsche Wahrnehmung des eigenen Verhaltens führt dazu, dass die gewohnte Leistungsbereitschaft beeinflusst wird und dass die an den Projektmitarbeiter gestellten Qualitätserwartungen nicht eingehalten werden. In Bezug auf die Projektarbeit bedeutet dies eine gestörte oder eingeschränkte Kommunikation zwischen dem geschwächten Teammitglied und den übrigen Beteiligten. Der Begriff Akkumulation ist ein ökonomischer Begriff und bedeutet eine Anhäufung von Kapital durch Reinvestieren.[65] Dieser Begriff lässt sich auf ein Projekt übertragen in dem Projektziele mit einer bestimmten Ressource erreicht werden und diese gleichbleibende Ressource im nächsten Schritt ein deutlich komplexeres sowie anspruchsvolleres Projekt erfolgreich durchführen soll. Dies deckt sich mit den stets wachsenden Kundenanforderungen und dem Kostenoptimierungsgedanken der Unternehmen. Die Spirale lässt sich schließ-lich nicht unendlich nach oben drehen, denn Projektteams stoßen bei gleich-bleibenden Ressourcen mit absoluter Sicherheit an Kapazitätsgrenzen. Der Einfluss von außen wird unter dem Begriff Stakeholder in den folgenden Ausführungen weiter betrachtet. Auch durch Aufbau von spezifischer Projekterfahrung lässt sich das Kapazitätsproblem nicht mehr in den Griff bekommen. Nichtlinearität kommt weiterhin dann zu Stande, wenn vom ur-sprünglich geplanten Projektablauf leicht und auf den ersten Blick unwesentlich,

---

[63] Vgl. Grösser (2011), S.18-25.
[64] Vgl. Strack (1988), S.768-777.
[65] Vgl. Mandel (1998), S.34 ff.

aber stetig abgewichen wird, ohne dass die Projektplanung angepasst wird. Dies hat zur Folge, dass die dadurch entstehende zusätzliche Arbeitsbelastung, um wieder auf dem angestrebten Weg zu gelangen, die Produktivität der Mitarbeiter beeinflusst. Abbildung zehn soll die dynamische Komplexität bildlich darstellen. Dabei ist vor allem die Einteilung in die Bereiche transparente, halb-transparente und intransparente Perspektive entscheidend. Abbildung zehn ist an das aus der Psychologie bekannte Eisbergmodell von Ruch und Zimbardo angelehnt.[66]

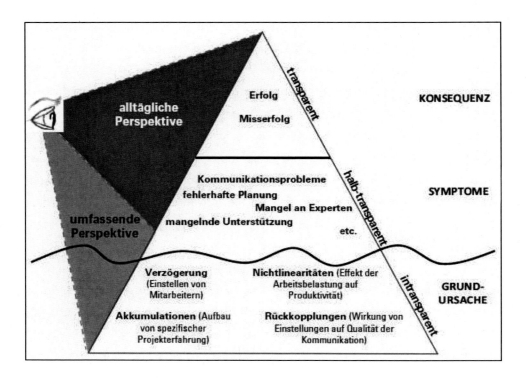

Abbildung 10: Merkmale dynamischer Komplexität als Grundursachen für nicht erfolgreiche Projekte[67]

Ist ein Projekt erfolgreich zu Ende geführt worden, ist dies für den äußeren Betrachter der Verdienst des Projektleiters. Im Umkehrschluss werden negative Projektabschlüsse oftmals, ungerechtfertigter Weise, am Projektleiter fest gemacht. Demnach beeinflusst der Projektleiter, hier stellvertretend für alle Grade der Projektverantwortlichen genannt, die Project Slippage maßgeblich. Der Projektleiter hat die nötigen Kenntnisse für das abzuwickelnde Projekt vorzuweisen. Das bedeutet nicht, dass er ein ausgeprägtes Tiefenwissen in allen Disziplinen des konkreten Projekts haben muss, sondern dass er ein breites Allgemeinwissen und bei technischen Projekten einen hohen Grad an tech-

---

[66] Vgl. Ruch/Zimbardo (1974), S.366.
[67] Quelle: Grösser (2011), S.20.

nischem Verständnis mitbringt. Des Weiteren muss er extrovertiert sein und mit Menschen umgehen können. Auch die Anpassungsfähigkeit an sich verändernde Bedingungen ist wichtig sowie das Vorweisen eines ausgeprägten Durchsetzungsvermögens. Des Weiteren sind zu den Fähigkeiten des Projektleiters noch folgende Faktoren zu nennen, welche wesentlich für einen Projekterfolg sind: Frustrationstoleranz, vernetzte Denkweisen, Handlungs- und Zukunftsorientiertheit, ökonomische Grundauslegung, starkes Selbstbewusstsein mit der Fähigkeit der Selbstdarstellung und eine selbstkritische Urteilsfähigkeit.[68] Der Projektleiter agiert als Führungskraft und muss daher seine Teammitglieder antreiben und fördern, im Umkehrschluss jedoch Kritik und Misserfolge nicht persönlich nehmen. Erwähnt werden muss noch die Tatsache, dass ein Projektleiter nur so stark ist wie das agierende Management im Hintergrund, welches hinter den Entscheidungen des Projektleiters stehen sollte. Eine Schwächung des Projektleiters wird dann erzielt, wenn Entscheidungen des Projektleiters kritisiert und verändert werden.[69] Die aufgezeigten Anforderungen und Fähigkeiten sind durchaus anspruchsvoll und nur schwer zu erlernen, deshalb ist zusammenfassend die Projekt- bzw. Berufserfahrung des Projektleiters ein wesentlicher Einflussfaktor auf die Project Slippage. Diese Aussage wird unterstrichen durch den steten Versuch der Feedbackmodellierungen im Rahmen von Projektabschlussgesprächen und Lesson's Learned Veranstaltungen mit einem unabhängigen Projektcoach.[70]

Die richtige Zusammenstellung des Projektteams hat einen hohen Einfluss auf den wirtschaftlichen Erfolg des Projekts. Es gibt fünf wesentliche Kriterien für eine erfolgreiche Zusammenarbeit im Team. Zum einen sollte ein Kernteam nur aus einer kleinen Anzahl von Personen bestehen, die Fähigkeiten der Einzelnen müssen sich ergänzen wie in Abbildung elf auf der folgenden Seite dargestellt, die Beteiligten müssen einen gemeinsamen Vorsatz und das gleiche Leistungsziel haben, alle Beteiligten müssen das Engagement zu einem gemeinsamen Arbeitsansatz aufweisen und die Verantwortlichkeiten im Team müssen sich abwechseln bzw. ergänzen.

---

[68] Vgl. Litke (2007), S.164-168.
[69] Vgl. Litke (2007), S.169-176.
[70] Vgl. Grösser (2011), S.18-25.

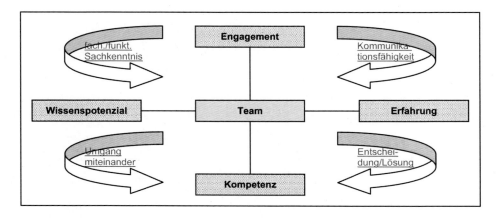

Abbildung 11: Ergänzungssystem der Teamfähigkeiten[71]

Bei der Zusammensetzung ist anhand der Fähigkeiten, wie in Abbildung elf dargestellt, auch der Ausbildungs- bzw. Wissensstand der Teammitglieder zu bewerten. Nur passend eingesetztes Know-How erfüllt die Vorgaben und wirtschaftet effizient.[72] Ist der Ausbildungsstand nicht ausreichend, so ist mittels Weiterbildung oder Austausch dieses Defizit zu beheben. Zusammenfassend ist bei der Zusammenstellung des Projektteams festzuhalten, dass eine optimale Konstellation die Produktivität steigert, die erforderliche Qualität gewährleistet und somit Kosteneinsparungen garantiert.[73] Auf eine stete und zielführende Kommunikation innerhalb des Teams ist verstärkt zu achten.[74] Weiterhin sorgt ein optimal zusammen gestelltes Team mit einer hohen Arbeitsmotivation und Zufriedenheit für eine stärkere Repräsentation des ausführenden Unternehmens und führt zugleich zu einer stärkeren Identifikation der erbrachten Leistung.

Die optimale Zusammensetzung des Projektteams funktioniert jedoch nur dann, wenn die einzelnen Mitglieder auch die für die Aufgabenbewältigung benötigte Zeit zur Verfügung gestellt bekommen. Oftmals sind die Projektmitglieder in mehrere Projekte eingebunden und arbeiten so bereits an ihrer Kapazitätsgrenze. Sind Projektteams unterbesetzt und damit überlastet, werden die erforderlichen Aktionen eingeschränkt und lassen nur noch Raum für kompromissbehaftete Reaktionen.[75] Auch die Kontrolle der Ausführungsleistung durch eine Person vor Ort, welche beispielsweise als Bauleiter oder Projektbeobachter fungiert, trägt maßgeblich zum Projekterfolg bei, da Abweichungen gegenüber der Projektplanung am schnellsten am Ort des Geschehens sichtbar werden. Diese Disziplin zählt im weitesten Sinne zum Projektcontrolling, doch die

---

[71] In Anlehnung an Katzenbach/Smith (1993), S.47.
[72] Vgl. Yeo (2002), S.241-244.
[73] Vgl. Spang (2009), [Stand 15.12.2012].
[74] Vgl. Grösser (2011), S.18-25.
[75] Vgl. Whittaker (1999), S.23-29.

Besetzung dieser Stelle ist bei der Teamzusammensetzung zu beachten. Trotz hohem Kostendruck ist es bedenklich auf diese Schlüsselposition zu verzichten.[76]

Die Stakeholder außerhalb des Projektteams haben maßgeblichen Einfluss auf die Ausführungsleistung und sind somit durchaus auch als Faktor in Bezug auf die Project Slippage zu sehen. Zum einen sind das die Kunden, die ständig steigende Anforderungen und Erwartungshaltungen gegenüber den geltenden Ständen der Technik haben. Dem gegenüber stehen ein höherer Kostendruck und damit eine anhaltende Sparmentalität, was zu unausgegorenen Lösungen führt. Die Lösung des Zielproblems muss nachhaltig sein und in das Umfeld der Stakeholder passen.[77] Weiterhin werden auch ständig schärfer werdende Standards und Regularien genannt, welche die Qualitätsanforderungen anheben und den Aspekt der Nachhaltigkeit verstärkt in den Fokus rücken und gleichzeitig die Komplexität erhöhen.[78]

Abbildung zwölf stellt die bei der Literaturrecherche ermittelten Einflussfaktoren auf die Project Slippage zusammenfassend dar.

Abbildung 12: Zusammenfassung der Einflussfaktoren auf die Project Slippage nach der Literaturrecherche[79]

---

[76] Vgl. Mieth (2007), S.3 ff.
[77] Vgl. Köhler/Oswald (2010), S.10.
[78] Vgl. Köhler/Oswald (2010), S.9.
[79] Eigene Darstellung

3.2 Projektmanagement Prozess eines DAX-Konzerns

Der Projektmanagement Prozess im Beispielunternehmen besitzt für den Konzern weltweit Gültigkeit und ist damit der Schlüssel zur erfolgreichen Abwicklung von Klein- und Großprojekten im Projekt-, Lösungs- und Servicegeschäft. Sämtliche zusammen getragenen Erkenntnisse sind aus der Prozessstruktur und -kultur des Unternehmens. Der Projektmanagement Prozess ist in mehrere Meilensteine eingeteilt und hält zu jedem Zeitpunkt die notwendig durchzuführenden Einzelprozesse bereit. Abbildung 13 stellt den Gesamtprozess beispielhaft grafisch dar.

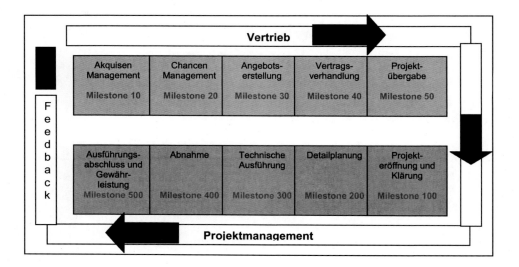

Abbildung 13: Überblick Projektmanagement Prozess DAX-Konzern

Für diese Untersuchung relevant sind die Prozessschritte zwischen den Meilensteinen 100, dem Projektstart, und dem Meilenstein 500, dem Projektabschluss. Die Prozesse der Meilensteine 10 bis 50 werden durch die Vertriebsorganisation und die weiterführenden Prozesse ab dem Meilenstein PM500 von der Serviceorganisation verantwortet. Ein Feedback zur Vertriebsorganisation schließt den Prozesskreislauf. Gemäß den aktuell gültigen Richtlinien des Konzerns sind vor allem die in Abbildung zwölf genannten Teilprozesse und klar definierten Rollen in der Ausführungsphase die Grundlage für einen Projekterfolg. Einhergehend damit ist die Einhaltung oder Verbesserung der kalkulierten Projektspanne. Mit Hilfe der Projektkategorisierung nach den im Kapitel 2.1.2 erläuterten Vorgaben wird sicher gestellt, dass für das spezifische Projekt der passend qualifizierte Projektverantwortliche ausgewählt wird. Während der Projektstartphase legt das Unternehmen großen Wert auf die Projektplanung. Analog zu den Erkenntnissen aus der Literatur sind zu Beginn das Liefer- und Leistungsverzeichnis zu prüfen und eine Kundenanforderungsliste, sprich ein Pflichtenheft, zur Leistungsabgrenzung zu erstellen. Im zweiten Schritt der Planungsphase muss ein Terminplan erstellt oder eingeholt werden. Die Struktur des Projekts wird in Form eines Organigrams und einem Projektstrukturplan wiedergegeben. Der von dem Konzern genannte Realisierungsplan ist äquivalent zum Projektablaufplan und enthält eine Einteilung der Aufgaben in Arbeitspakete. Im Realisierungsplan sind die notwendigen Ressourcen und die dafür voraussichtlich notwendigen Kosten zu hinterlegen. Während der Angebotsphase, welche durch die Vertriebsmitarbeiter vorbereitet und umgesetzt wird, ist eine Chancen- und Risikoanalyse zu erstellen. Der Projektverantwortliche hat diese Chancen und Risiken zu prüfen, zu überarbeiten und aktuell zu halten.

Für das Unternehmen ist es weiterhin sehr wichtig, dass Verträge zwischen dem Auftraggeber und dem Unternehmen mit klar definiertem Umfang und Bedingungen geschlossen werden. Das eigens für die Projektabwicklung installierte Vertragsmanagement bildet eine weitere Grundlage für den Projekterfolg. Im Rahmen der Projektkategorisierung werden, wie bereits erläutert, auch Bewertungen zur vertraglichen Komplexität durchgeführt. In der Startphase des Projekts hat der Projektleiter mit seinem Team den Vertrag sowohl technisch als auch kaufmännisch zu prüfen. Sollten Unklarheiten auftreten, so besteht die Möglichkeit die Rechtsabteilung, welche einen Vertreter an großen Niederlassungen jedoch mindestens einmal in der Region positioniert, einzuschalten. Ein großes Augenmerk wird dabei auf die Festlegung der Verantwortlichkeiten während der Abwicklung, sowohl extern als auch intern, gelegt. Dies hat den Hintergrund, dass in schwierigen Projektphasen schnell gehandelt werden muss und die Eskalationsstufen und Handlungsberechtigten im eigenen Unternehmen als auch beim Kunden klar definiert sein müssen. Weiterhin ist neben der Prüfung des Liefer- und Leistungsumfangs auch eine Regelung des Claimmanagements festzulegen. Dies stellt sicher, dass Claims auch nachhaltig verfolgt und durchgesetzt werden. Die Prüfung der Vertragsunterlagen soll auch dazu dienen, weitere Chancen und Risiken für den Projekterfolg zu ermitteln. Dabei wird die Wahrscheinlichkeit des Eintritts eines Ereignisses mit der Auswirkung auf das laufende Projekt bewertet.

Als neuen Aspekt im Vergleich zur Literatur geht die Unternehmung davon aus, dass Projekterfolg nur durch eine nachverfolgbare und kontinuierliche Dokumentation aller Abstimmungsgespräche sowie Projektschritte erzielt wird.

Das Unternehmen ist sich bewusst, dass im Projektgeschäft schnelle und proaktive Entscheidungen getroffen werden müssen, um Misserfolge im Projekt zu verhindern. Dies funktioniert nur mit einem regelmäßig durchgeführten Projektcontrolling, welches auch die regelmäßige Aktualisierung der Chancen- und Risikoanalysen beinhaltet.

Analog zur Literaturrecherche sind regelmäßige Soll- und Ist-Vergleiche der während der Projektplanung aufgestellten Pläne durchzuführen und spätestens in den turnusmäßigen Projektstatussitzungen vorzutragen. Auch die Fokussierung auf die Qualität bei der Erstellung der zu liefernden Lösung bzw. des zu liefernden Produkts führt zum erwarteten Projekterfolg. Durch ein professionelles Qualitätsmanagement werden zum einen Vorgaben für die abzuliefernden Leistungen gemacht und zum anderen die systematische Abwicklung der Projekte sichergestellt. Dies wird beispielsweise durch eine vorgegebene Dokumentenstruktur mit Musterschreiben bzw. Musterformularen umgesetzt. Durch diese Herangehensweise will das Unternehmen verhindern, dass Brüche durch Ausfall eines Teammitglieds entstehen und damit der Projekterfolg gefährdet wird. Es soll gewährleistet werden, dass das benötigte Wissen von allen Teammitgliedern abgerufen werden kann und dass sich neue Mitglieder schnell in die Ausführung integrieren können. Als ganz wesentlichen Einflussfaktor auf die Project Slippage im positiven Sinn sieht der Konzern die Einbindung des Einkaufs. Durch gezielte Verhandlungen mit Subunternehmen, welche durch einen Bewertungsprozess längerfristig über Rahmenverträge an das Unternehmen gebunden werden können und der Stärke eines DAX notierten Konzerns, lassen sich bei der Schlussverhandlung weitere Nachlässe erzielen. Gesondert geschultes Personal und langjährige Erfahrung im weltweiten Geschäft sind die Garanten für Einkaufserfolge, welche Kosten reduzieren und relativ einfach zum Projekterfolg beitragen. Zur Sicherstellung der Projekterfolge besitzt die Unternehmung ein eigenes Karriereprogramm im Projektmanagement und führt analog zu den Vorgaben der International Project Management Association Zertifizierungen für Project Manager, Senior Project Manager und Project Directors durch. Die Vorraussetzungen zur Teilnahme sind identisch mit denen der weltweit führenden Organisationen. Über Fortbildungsprogramme und Trainings werden die benötigten Fähigkeiten für ein erfolgreiches Projektmanagement weitergegeben und getestet. Diese Sichtweise steht im Einklang mit der von der Literatur angesprochenen Projekterfahrung des Projektleiters. Auch die Zusammensetzung des Teams und die Zusammenarbeit in selbigem ist die Basis für eine effiziente und effektive Teamleistung. Spezielle Workshops sollen helfen, die richtigen Entscheidungen bei der Zusammenstellung des

Teams zu treffen. Mit Hilfe von standardisierten IT-Anwendungen und Tools soll dem Projektteam darüber hinaus eine Hilfestellung bei der Projektdurchführung gegeben werden. Auch die Einbindung des Projektteams nach Abschluss eines Projekts in Assesments zeigt, dass für die Unternehmung der Erfahrungsgrad ein sehr hoher Einflussfaktor auf die Project Slippage ist. Kontinuierliche Verbesserungsmaßnahmen lassen sich nur durch weitreichende Erfahrungen realisieren. Zusammenfassend wurden bei der Analyse des gesamten Projektmanagementprozesses die in Abbildung 14 dargestellten Einflussfaktoren ermittelt.

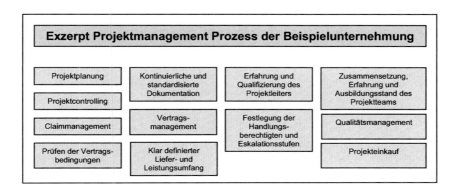

Abbildung 14: Zusammenfassung der Einflussfaktoren auf die Project Slippage nach Analyse des Projektmanagement Prozesses der Beispielunternehmung[80]

3.3 Zusammenfassung der ermittelten Faktoren und Gewichtung

In diesem Kapitel sollen die analysierten Einflussfaktoren aus den Kapiteln 3.1 und 3.2 gesammelt und eine Einstufung des Einflussgrades auf die Project Slippage gegeben werden. Die Einstufung wird in drei Gruppen erfolgen – niedrig (grün), mittel (gelb) und hoch (rot). In Anlehnung an eine ABC-Analyse wurde versucht durch Erfahrungswerte der eigenen beruflichen Tätigkeit, die Einflussfaktoren bzgl. der Eintrittswahrscheinlichkeit des Faktors und der damit verbundenen Tragweite auf die Project Slippage einzuordnen.[81] Abbildung 15 auf Seite 40 dokumentiert das Ergebnis.

[80] Eigene Darstellung
[81] Vgl. Wöhe/Döring (2010), S.335 ff.

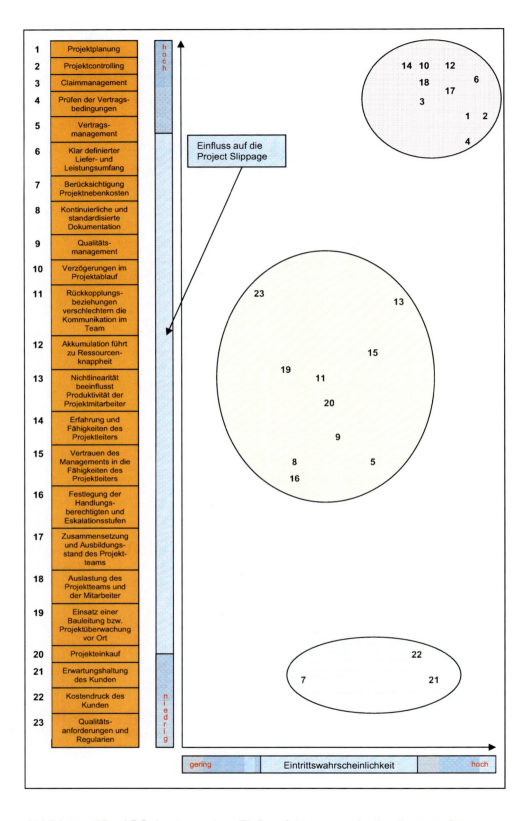

Abbildung 15: ABC-Analyse der Einflussfaktoren auf die Project Slippage[82]

---

[82] Eigene Darstellung

Abbildung 16 stellt die Einflussfaktoren auf die Project Slippage abschließend dar und sortiert zusammenfassend zum jeweiligen, selbst eingeschätzten Einflussgrad.

Einflussfaktoren	Einflussgrad ⬎
Projektplanung Projektcontrolling Claimmangement Prüfung der Vertragsbedingungen Klar definierter Liefer- und Leistungsumfang Verzögerungen im Projektablauf Akkumulation führt zur Ressourcenknappheit Erfahrung und Fähigkeiten des Projektleiters Zusammensetzung und Ausbildungsstand des Projektteams	hoch
Vertragsmanagement Kontinuierliche und standardisierte Dokumentation Qualitätsmanagement Rückkopplungsbeziehungen verschlechtern Kommunikation im Team Nichtlinearität beeinflusst Produktivität der Projektmitarbeiter Vertrauen des Managements in die Fähigkeiten des Projektleiters Festlegung der Handlungsberechtigten und Eskalationsstufen Einsatz einer Bauleitung oder Projektüberwachung vor Ort Projekteinkauf Qualitätsanforderungen und Regularien	mittel
Berücksichtigung Projektnebenkosten Erwartungshaltung des Kunden Kostendruck des Kunden	niedrig

Abbildung 16: Zusammenfassung Einflussfaktoren mit jeweiligem Einflussgrad auf die Project Slippage[83]

---

[83] Eigene Darstellung

4 Post-mortem-Projektanalyse

Nach der Ausarbeitung der Einflussfaktoren auf die Project Slippage werden nun abgeschlossene Kundenprojekte des betrachteten DAX-Konzerns analysiert und das tatsächliche Wirken der Faktoren untersucht. Für die Analyse stehen 93 Kundenprojekte zur Verfügung, welche im Zeitraum von Januar 2008 bis Juni 2012 abgewickelt wurden. Die Projekte sind in der Elektrotechnikbranche als Großprojekte eingestuft und besitzen mindestens die Projektkategorie C. Die Abrechnungssumme liegt bei jeweils mehr als einhunderttausend Euro. Das größte abgerechnete Projekt in dem oben angegebenen Zeitraum schließt mit einer Schlussrechnungssumme von rund zweieinhalb Millionen Euro ab. Wie bereits im Kapitel 1.1 erwähnt, grenzt sich die Projektanalyse zu Kleinprojekten ab. Damit eine zuverlässige Aussage getroffen werden kann, wird eine Tabelle erstellt, welche die Einflussfaktoren auf die Project Slippage enthält und in der die Häufigkeiten des Auftretens der einzelnen Faktoren aufgezählt werden. Die Summe der ermittelten Werte wird ins Verhältnis zu der Anzahl der Projekte gesetzt, um somit eine relative Zahl zu erhalten, die Vergleiche bei dieser und gesonderten Auswertungen zulässt. Konkret bedeutet dies, dass die Frage beantwortet werden kann, zu wie viel Prozent ein Einflussfaktor in einem Projekt mit Verbesserung respektive Verschlechterung der Project Slippage eingetreten ist. Da die Einflussfaktoren zur Zusammenarbeit im Projektteam und der Kommunikation untereinander nicht messbar sind, werden Aussagen von Projektverantwortlichen eingeholt. Demnach handelt es sich bei der Betrachtung der Sonderfälle um subjektive Einschätzungen.

Das vorliegende Kapitel vier betrachtet im Kapitel 4.1 zuerst sämtliche in Frage kommenden Kundenprojekte mit einer positiven Veränderung der Project Slippage und damit einer verbesserten Projektspanne im Vergleich zum kalkulierten Ausgangswert. Neben der Abfrage der ermittelten Einflussfaktoren wird auch ein besonderes Augenmerk auf besondere Vorkommnisse gelegt, welche im Projektablauf aufgetreten sind. Diese werden gesondert ausgewiesen. Die Ergebnisse der Analyse werden im Kapitel 4.3 zusammengetragen. Analog dazu werden im Kapitel 4.2 die Projekte analysiert, welche eine negative Project Slippage ausweisen und daher im Vergleich zum Ausgangswert einen finanziellen Verlust hinnehmen mussten und damit erhebliche Mehrkosten für das ausführende Unternehmen verursacht haben. Für diese Untersuchung stehen dem Autor die zur Durchführung nötigen Informationsquellen zur Verfügung. Dies ist im Wesentlichen ein Projektkontrolltool, in dem die gesamte Historie aller Projektverläufe inklusive der Finanzwerte abgebildet wird. Des Weiteren stehen die Projektordner mit allen Dokumenten wie Verträgen, Leistungsverzeichnissen, Ausführungsplänen, Projektplänen, Organigrammen, Schriftstücken und Verhandlungsprotokollen zur Verfügung. Die jeweiligen Projektbeteiligten können ebenfalls befragt werden, sofern sich Ereignisse nicht aus der Dokumentation erklären lassen oder wenn es besondere Vorkommnisse gegeben hat. Besonders bei der Betrachtung der Teamproduktivität, der Kommunikation untereinander, der erfolgreichen Zusammenarbeit und der Erfahrung des Projektleiters ist ein direkter Dialog, wie eingangs erwähnt, mit den Beteiligten notwendig. Ziel dieses Kapitels ist, die Gründe für eine Verbesserung oder Verschlechterung der Project Slippage bei abgewickelten Großprojekten zu finden. Des Weiteren sollen im Kapitel 4.3 zwei Kurven abgeleitet werden, die einen Trend des Erfolgs im Projektmanagement des betrachteten Unternehmens aufzeigen.

4.1 Projekte mit Verbesserung der Project Slippage

Die Untersuchungsmasse von 93 Kundenprojekten weist im genannten Zeitraum 50 Projekte aus, bei denen mit der Stellung der Schlussrechnung eine positive Project Slippage und damit eine verbesserte Projektspanne gegenüber der kalkulierten Spanne festgestellt werden kann. Die Project Slippage hatte bei den Projekten minimal einen positiven Wert von 0,1 und maximal einen Wert von 12,5. Demnach hat sich die Projektspanne im Vergleich zum kalkulierten Ausgangswert auf etwa dem Ausgangsniveau gehalten und wurde im Bestfall um zwölfeinhalb Prozentpunkte verbessert. Der arithmetische Mittelwert aus allen 50 Projekten beträgt zweieinhalb. Demnach besitzen die Projekte im Durchschnitt eine positive Project Slippage von zweieinhalb Prozent. Im untersuchten Zeitraum wurden die Projekte damit um zweieinhalb Prozent verbessert, was für das Unternehmen einen zusätzlichen Erfolg im Vergleich zu den bei Auftragsbeginn kalkulierten Werten bedeutet.

Tabelle eins auf der nachfolgenden Seite stellt die Ergebnisse der Post-mortem-Projektanalyse für Projekte mit positiver Project Slippage dar.

Nr.	Einflussfaktor	(ja):	(nein):	(ja):	(nein):
1	Projektplanung erstellt?	48	2	96%	4%
2	Projektcontrolling kontinuierlich durchgeführt?	45	5	90%	10%
3	Claimmanagement aktiv geführt?	33	17	66%	34%
4	Prüfung der Vertragsbedingung erfolgt?	45	5	90%	10%
5	War Liefer- und Leistungsumfang klar definiert?	28	22	56%	44%
6	Gab es Verzögerungen im Projektablauf?	35	15	70%	30%
7	Konnte auf ausreichend Ressourcen (Personal) zurückgegriffen werden?	43	7	86%	14%
8	War die Erfahrung des Projektleiters ausreichend?	36	14	72%	28%
9	Hat das Projektteam erfolgreich zusammengearbeitet?	50	0	100%	0%
10	Wurde bei Vertragsprüfung ein Vertragsmanager eingebunden?	4	46	8%	92%
11	Wurde eine einheitliche Dokumentationsstruktur eingehalten?	45	5	90%	10%
12	Sind die Vorgaben des Qualitätsmanagements befolgt worden?	37	13	74%	26%
13	Hat die Kommunikation im Team funktioniert?	44	6	88%	12%
14	War die Produktivität der einzelnen Mitarbeiter ausreichend?	44	6	88%	12%
15	Sind Entscheidungen vom Management getroffen worden die sich von den Entscheidungen des Projektleiters differenziert haben?	11	39	22%	78%
16	Sind Handlungsberechtigte und Eskalationsstufen festgelegt worden?	4	46	8%	92%
17	Wurde eine Bauleitung oder Projektüberwachung vor Ort eingesetzt?	41	9	82%	18%
18	Wurde der Projekteinkauf bei Beschaffungsmaßnahmen eingebunden?	48	2	96%	4%
19	Gab es klar definierte Qualitätsanforderungen und einzuhaltende Normen bzw. Regularien?	44	6	88%	12%
20	Wurden die Projektnebenkosten in der Kalkulation berücksichtigt?	43	7	86%	14%
21	War ein starkes Kundeninteresse bzgl. der Ausführungsleistung vorhanden?	36	14	72%	28%
22	Gab es offensichtliche finanzielle Engpässe auf Seiten des Kunden?	0	50	0%	100%

Tabelle 1: Analyse der Projekte mit Verbesserung der Project Slippage[84]

Bei der Analyse der Projekte konnten alle im Kapitel drei zusammengetragenen Einflussfaktoren eindeutig wieder erkannt und zugeordnet werden. Weiterhin wurden zwei interessante Aspekte erfasst, welche maßgeblich zum Erfolg des jeweiligen Projekts geführt haben. Durch die Übertragung der Aufgaben an vertraglich gebundene Subunternehmer wurde das Projektteam entlastet und gleichzeitig ein Kommunikationsweg eingespart. Konkret wurde der an einem Terminplan abgeleitete Projektstrukturplan an den Subunternehmer weitergegeben. Dieser hatte die Aufgabe, die dort enthaltenen Arbeitspakete zum richtigen Zeitpunkt fertig zu melden. Dabei wurden die Fertigstellungstermine der Arbeitspakete mit einer finanziellen Vertragsstrafe versehen. Dies hatte im Projekt den Vorteil, dass das Controlling vor Ort und die Bauleitung entfallen konnten. Eine Überprüfung der Fertigmeldung musste dennoch getroffen werden.

---

[84] Eigene Darstellung

Die dargestellte Vorgehensweise ist durchaus erfolgversprechend und spart zweifelsfrei Ressourcen in Form von Mitarbeitern ein, dennoch ist es unwahrscheinlich, dass dieses Modell als Erfolgsfaktor für jedes Projekt gesehen werden kann. Ein Vertragspartner wird, sofern er die jeweilige Leistung nicht vergütet bekommt, keine Arbeiten in Form von Controlling oder Leitung des Projekts vor Ort für den Auftraggeber übernehmen. In der Regel hat das zugekaufte Unternehmen selbst mit seinen eigenen Leistungen ausreichend Kontroll- und Steuerungsaufwand.

Ein weiterer Ansatz wurde bereits bei der Ausarbeitung des Kundenangebots eingeführt. In diesem Fall wurde von der Vertriebsorganisation versucht eine pauschale Leistung und Funktion zu verkaufen, ohne den Liefer- und Leistungsumfang genauer zu spezifizieren. Der Kunde hat seine Wünsche geschildert und anhand dessen wurde ein Preis vereinbart. Das Projektteam war somit frei von Vorgaben, lediglich die gültigen Normen und Richtlinien der Technik waren einzuhalten. Das offensichtliche Kosteneinsparpotenzial durch Verwendung der günstigsten Komponenten wurde durch die spätere Unzufriedenheit des Kunden aufgewogen. Der erkannte Aspekt unterstreicht gleichzeitig die Wichtigkeit des Einflussfaktors des klar definierten Liefer- und Leistungsumfangs, denn nur so weiß der Auftragnehmer, was er zu leisten und der Auftraggeber was er zu erwarten hat. Spätere Unstimmigkeiten und Diskussionen bezüglich des Umfangs werden vermieden. Weiterhin wurde im Kapitel zwei erläutert, dass der Liefer- und Leistungsumfang eines der drei wichtigsten Teilziele eines Projekts ist.

4.2 Projekte mit Verschlechterung der Project Slippage

Die übrigen 43 Projekte der Untersuchungsmasse haben mit Legung der Schlussrechnung eine negative Project Slippage ausgewiesen. Entsprechend hat sich die Projektspanne gegenüber der ursprünglich kalkulierten Spanne verkleinert. Die Project Slippage hatte minimal einen negativen Wert von 0,1 und einen maximalen negativen Wert von 66. Der arithmetische Mittelwert aus allen 43 Projekten beträgt 11,7. Demnach werden Großprojekte der Kategorie A, B oder C im Misserfolgsfall um durchschnittlich 11,7 Prozent verschlechtert. Dies bedeutet für das Unternehmen, dass mit zusätzlichen Aufwendungen in Höhe von 11,7 Prozent bei unglücklichem Projektverlauf zu rechnen ist. Tabelle zwei auf der nachfolgenden Seite stellt die Ergebnisse der Post-mortem-Projektanalyse für Projekte mit negativer Project Slippage dar.

Nr.	Einflussfaktor	(ja):	(nein):	(ja):	(nein):
1	Projektplanung erstellt?	33	10	77%	23%
2	Projektcontrolling kontinuierlich durchgeführt?	33	10	77%	23%
3	Claimmanagement aktiv geführt?	31	12	72%	28%
4	Prüfung der Vertragsbedingung erfolgt?	33	10	77%	23%
5	War Liefer- und Leistungsumfang klar definiert?	6	37	14%	86%
6	Gab es Verzögerungen im Projektablauf?	35	8	81%	19%
7	Konnte auf ausreichend Ressourcen (Personal) zurückgegriffen werden?	27	16	63%	37%
8	War die Erfahrung des Projektleiters ausreichend?	21	22	49%	51%
9	Hat das Projektteam erfolgreich zusammengearbeitet?	21	22	49%	51%
10	Wurde bei Vertragsprüfung ein Vertragsmanager eingebunden?	5	38	12%	88%
11	Wurde eine einheitliche Dokumentationsstruktur eingehalten?	34	9	79%	21%
12	Sind die Vorgaben des Qualitätsmanagements befolgt worden?	17	26	40%	60%
13	Hat die Kommunikation im Team funktioniert?	33	10	77%	23%
14	War die Produktivität der einzelnen Mitarbeiter ausreichend?	24	19	56%	44%
15	Sind Entscheidungen vom Management getroffen worden die sich von den Entscheidungen des Projektleiters differenziert haben?	23	20	53%	47%
16	Sind Handlungsberechtigte und Eskalationsstufen festgelegt worden?	2	41	5%	95%
17	Wurde eine Bauleitung oder Projektüberwachung vor Ort eingesetzt?	14	29	33%	67%
18	Wurde der Projekteinkauf bei Beschaffungsmaßnahmen eingebunden?	41	2	95%	5%
19	Gab es klar definierte Qualitätsanforderungen und einzuhaltende Normen bzw. Regularien?	33	10	77%	23%
20	Wurden die Projektnebenkosten in der Kalkulation berücksichtigt?	32	11	74%	26%
21	War ein starkes Kundeninteresse bzgl. der Ausführungsleistung vorhanden?	29	14	67%	33%
22	Gab es offensichtliche finanzielle Engpässe auf Seiten des Kunden?	3	40	8%	92%

Tabelle 2: Analyse der Projekte mit Verschlechterung der Project Slippage[85]

Auch bei der Analyse der Projekte mit einer negativen Project Slippage zum Abschluss des Projekts konnten alle ermittelten Einflussfaktoren widerspruchsfrei zugeordnet werden. Auffallend bei der Betrachtung ist, dass die Projekte mit den sehr hohen Verlustwerten durch technische Probleme beeinträchtigt wurden. Zum einen wurden neue Komponenten und Techniken eingesetzt, welche die Marktreife noch nicht erlangt hatten oder zum anderen die Schulungen der Techniker für die jeweilige Applikation noch nicht durchgeführt werden konnte. Dadurch wurde ein „Try and Error"-Verfahren zur Inbetriebnahme der Anlage nötig, welches den Projektendtermin verschoben und die Kosten in die Höhe getrieben hat. Sollten die Kosten niedriger sein wie die Versuche und Prüfungen um ein Produkt zur Marktreife zu bringen, ist dies strategisch gesehen eine für das Unternehmen erfolgversprechende Vorgehensweise, welche sich bei der ganzheitlichen Betrachtung der Unternehmung auszahlt. Vorraussetzung dafür

---

[85] Eigene Darstellung

ist die Unterstützung des Managements gegenüber dem Projektteam und das Wissen, dass das ausgewählte Projekt einen Verlust generiert. Weiterhin muss der Kunde informiert werden. In den hier betrachteten Fällen war die Geduld des Kunden der ausschlaggebende Grund, dass die Verschlechterung der Project Slippage noch höher ausgefallen ist. Nach Einräumung einer Frist mit anschließender Nachfrist hat der Auftraggeber Beschleunigungsmaßnahmen eingefordert, welche zu Lasten des Auftragnehmers gingen. Weiterhin wurde eine Vertragsstrafe fällig, die sich prozentual an der Höhe des Auftragswerts orientierte.

4.3 Auswertung der Post-mortem-Projektanalyse

Wie in den Kapiteln 4.1 und 4.2 bereits erwähnt, konnten alle aus der Literatur heraus gearbeiteten Einflussfaktoren bei der Projektanalyse wieder gefunden werden. Somit lässt sich eine Aussage treffen, wie häufig die Einflussfaktoren in den jeweiligen Projekten auftreten und damit gleichzeitig auch sagen, welche Einflussfaktoren einen besonders hohen Einfluss auf die Project Slippage haben und welche nicht. Schließlich gab es bei allen analysierten Projekten eine finanzielle Bewegung. Die nachfolgende Abbildung 17 zeigt die Einflussfaktoren auf die Project Slippage bei positiver (blau) und negativer (rot) Veränderung in Form zweier Kurvenverläufe. Die Einflussfaktoren sind gemäß Tabelle eins und zwei numerisch auf der X-Achse des Kurvendiagramms aufgetragen.[86]

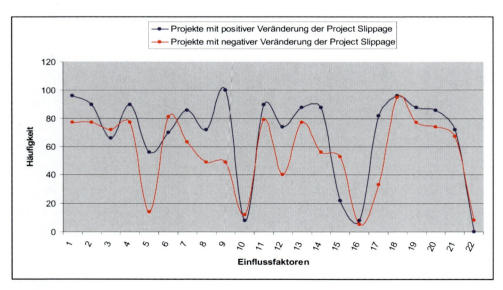

Abbildung 17: Kurvenauswertung der Einflussfaktoren auf die Project Slippage[87]

---

[86] Tabelle eins: siehe Seite 44; Tabelle zwei: siehe Seite 46
[87] Eigene Darstellung

Bei der Analyse der Projekte konnte festgestellt werden, dass die Einfluss-faktoren, welche bereits zu Beginn des Projekts berücksichtigt werden müssen, die Basis für einen möglichen Projekterfolg bilden. Sowohl die Projektplanung als auch das Controlling der erstellten Pläne wurden bei den Projekten mit Verbesserung der Projektspanne nahezu immer durchgeführt. Bereits rund ein Viertel der Projektleiter, welche für Projekte mit einer Minimierung der Projektspanne verantwortlich waren, verzichteten auf eine Projektplanung. Entsprechend sind auch die Werte für das Controlling der Projekte schlechter als bei den wirtschaftlich positiv verlaufenen Projekten. Daraus lässt sich ableiten, dass diejenigen ein konsequentes Projektcontrolling durchführen, welche auch eine lückenlose Projektplanung durchgeführt haben. Dies bestätigt die Erläuterungen im Kapitel 2.1.2 bezüglich der Bestandteile der Projektplanung. In diesem Kapitel wird aufgezeigt, dass es ohne Projektplanung nicht möglich ist ein Projektcontrolling durchzuführen.

Eine weitere interessante Erkenntnis der Analyse ist, dass das Claim-management bei beiden Projekttypen identisch oft betrieben wurde. Demnach liegt die Vermutung nahe, dass ein konsequentes Claimmanagement alleine keinen Projekterfolg garantiert, sich aber immer auf die Project Slippage auswirkt. Ein professionelles Claimmanagement ist aufwendig und benötigt ein detailliertes Wissen über die Vertragsbedingungen sowie den Liefer- und Leistungsumfang. Gerade letzt genannter Einflussfaktor hat sich bei der Anlayse als Schlüsselfaktor herausgestellt. In 86 Prozent der Projekte mit Ver-schlechterung der Projektspanne waren der Liefer- und Leistungsumfang nicht klar definiert. Entsprechend musste bei diesen Projekten mehr Leistung eingesetzt und erbracht werden, als ursprünglich kalkuliert. Allerdings ist das Bild bei den Projekten mit Verbesserung der Projektspanne nicht wesentlich besser. Bei etwas mehr als der Hälfte der erfolgreich abgeschlossenen Projekte waren der Liefer- und Leistungsumfang definiert. Diese Erkenntnis liefert den ersten wesentlichen Optimierungsansatz, welcher im Kapitel sieben erläutert wird.

Bestätigt hat sich bei der Analyse die bei Fachleuten bekannte Regelmäßigkeit der Verzögerungen im Projektverlauf. Bei rund drei Viertel aller betrachteten Projekte gab es Verzögerungen während der Ausführungsphase. Diese Verzög-erungen können erfolgsneutral verlaufen, wenn rechtzeitig von Seiten der Projektleitung mit entsprechenden Hinweisen und Schreiben an den Auftrag-geber reagiert wird. Wird allerdings darauf nicht reagiert, führt die Verzögerung zu Mehrkosten, welche durch zusätzliche Aufwendungen im Personalbereich auftreten. Eine ausreichende Anzahl an Personal garantiert dagegen beinahe immer einen Projekterfolg. Bei etwas weniger als der Hälfte der Projekte mit einer

Verschlechterung der Projektspanne hat fehlendes Fachpersonal zur Abwicklung der Projekte zu einem Misserfolg geführt. Bei der Post-mortem-Projektanalyse gab es, wie im Kapitel 1.1 erwähnt, eine Abgrenzung zu Projekten der Kategorie D bis F. Dementsprechend waren für die Abwicklung der hier untersuchten Projekte mindestens zertifizierte Project Manager erforderlich, um die Projekte der Kategorie C und höher abzuwickeln. Auffällig war, dass lediglich etwa die Hälfte der Projekte mit Verschlechterung der Projektspanne von zertifizierten Project Managern geleitet wurden oder durch einen Projektleiter, der das Potenzial für eine Zertifizierung aufweisen konnte. Bei den erfolgreich verlaufenen Projekten wurde in knapp drei Viertel der Fälle auf einen zertifizierten Project Manager zurückgegriffen. Entsprechend lässt sich daraus ableiten, dass das Know-How des Projektleiters ein wesentlicher Einflussfaktor auf die Project Slippage ist. Ableiten lässt sich daraus auch, dass Projektverantwortliche mit ausreichend Erfahrung ein Projekt eher detailliert planen als Projektleiter mit weniger Projekterfahrung.

Die Angabe ob ein Projektteam erfolgreich zusammengearbeitet hat, ist wie bereits in Kapitel 4 erläutert, eine subjektive Einschätzung der befragten Projektbeteiligten. Allerdings wurde eine erfolgreiche Zusammenarbeit bei allen Projekten mit einer Verbesserung der Projektspanne genannt. Dies ist auch schlüssig, da bei Erreichen aller Projektziele kaum von einer schlechten Zusammenarbeit im Team die Rede sein kann. Im Umkehrschluss bedeutet diese Erkenntnis, dass alle nicht erfolgreichen Projekte automatisch eine schlechte Zusammenarbeit im Team ausweisen. Dies ist aber nicht der Fall, denn nur bei etwa der Hälfte der schlecht verlaufenen Projekte konnte eine schwache Teamleistung nachgewiesen werden. Die Gründe für eine Verfehlung der Projektziele können demnach in einer schlechten Zusammenarbeit im Team begründet sein, müssen es aber nicht.

Wie bereits erwähnt, wurde eine Prüfung der Vertragsbedingungen bei einer Vielzahl von Projekten durchgeführt. Erforderlich ist dies jedoch bei allen Projekten. Ein Vertragsmanager kann bei komplexen Themen unterstützen. Von dieser Möglichkeit macht jedoch so gut wie kein Projektverantwortlicher gebrauch. Das bedeutet abgeleitet, dass die Verträge, wenn sie geprüft werden, keine weiteren Fragen aufwerfen. Dies ist jedoch mit Sicherheit ein Irrglaube, denn wie bereits erwähnt, scheitern die meisten Projekte durch ungünstige Vertragsbedingungen und unklarem Liefer- und Leistungsumfang. Weiterhin besteht die Vermutung, dass viele Projektmitarbeiter nicht wissen, dass es eine Person gibt, die sich um relevante Vertragsthemen im Projektmanagement kümmert und diese Arbeitshilfe dann auch nutzt. Dies geht einher mit dem bereits angekündigten Optimierungsansatz im Kapitel sieben.

Das Einhalten einer einheitlichen Dokumentationsstruktur kann dagegen als unkritisch gesehen werden. In den meisten Projekten wird die auferlegte Struktur beibehalten. Es wird erst dann problematisch, wenn Teammitglieder ausscheiden und neue hinzu kommen. Diese finden sich deutlich schneller zurecht, wenn die Dokumentation des Projekts schlüssig und vollständig ist. Dagegen ist die Einhaltung der Vorgaben des Qualitätsmanagements offensichtlich ein Grund dafür, dass Projekte einen erfolgreichen oder nicht erfolgreichen Verlauf nehmen. Auch hier ist wieder anzunehmen, dass viele Projektverantwortliche die Vorgaben des Qualitätsmanagements nicht kennen und dadurch nicht anwenden. Bei nochmaliger Betrachtung des Einflussfaktors der Erfahrung des Projektleiters ist zu erkennen, dass das Gap zwischen beiden Projekttypen nahezu identisch ist. Der Autor schließt daraus, dass Projektleiter mit nachgewiesenem Fachwissen und Erfahrung die Vorgaben des Qualitäts-managements eher einhalten und die weniger qualifizierten Kollegen darauf eher verzichten. Möglicherweise sind sie auch überfordert und haben keine Zeiträume, um auf eine qualitative Projektabwicklung zu achten.

Ein erfreuliches Ergebnis bringt jedoch der Blick auf die subjektive Einschätzung der Projektbeteiligten beim Einflussfaktor der Teamkommunikation. Ausgewogen und beinahe immer wird von einer guten Kommunikationsfähigkeit im Team ausgegangen. In der Praxis wird gerade die Kommunikation als Garant für einen Projekterfolg oder –misserfolg angeführt. Hier lässt sich die Vermutung auf-stellen, dass die Kommunikation zwar ausreichend vorhanden, jedoch die Qualität der übertragenen Informationen mangelhaft ist. Ständiges miteinander Reden ist für die Teambindung gut, sagt allerdings nichts über die Komm-unikationsfähigkeit und deren Qualität aus. Wesentlich ist der Inhalt der über-mittelten Nachricht und dieser sollte kurz, präzise und widerspruchsfrei sein.[88]

Die Produktivität der Mitarbeiter ist dagegen nicht nur in der Praxis ein Schlüsselfaktor für den Projekterfolg, sondern hat sich auch bei der Analyse der Projekte als solcher bestätigt. Die Produktivität der Mitarbeiter erfüllte oder übertraf bei den erfolgreich verlaufenen Projekten fast immer die Erwartungen. Dagegen ist eine mangelhafte Produktivität der Mitarbeiter ein wesentlicher Faktor für einen Misserfolg im Projekt.

Kritisch in jeder Hinsicht wird es dann, wenn das Management eines Unter-nehmens die Entscheidungen der Projektverantwortlichen nicht mit trägt und eigene Vorgaben durchsetzt. Dies ist sowohl in Projekten mit positivem als auch

---

[88] Vgl. Watzlawick/Beavin/Jackson (2007), S.22.

mit negativem Ausgang vorgekommen. Wer als Projektverantwortlicher eine Verbesserung der Projektspanne ausweisen konnte, musste sich deutlich seltener Managemententscheidungen beugen. Dagegen wurden Entscheidungen aus der Führungsriege bei mehr als der Hälfte der schlecht verlaufenen Projekte getroffen. Nicht festzustellen ist, ob gerade die Entscheidungen des Managements dazu geführt haben, dass ein Projekt schwach abgeschlossen wurde. Vereinzelt war jedoch zu erkennen, dass die Managemententscheidungen einen größeren Schaden für das Unternehmen vermieden haben. Die Glaubwürdigkeit eines Projektleiters leidet dadurch allerdings immer und der persönliche Stand beim Auftraggeber wird verschlechtert. In einigen Fällen musste gar der Projektleiter ausgetauscht werden. Der Eingriff des Managements und damit die Schwächung der Projektverantwortlichen kann von vornherein verringert werden, wenn zu Projektbeginn bereits Handlungsberechtigte und Eskalationsstufen festgelegt werden. Dies ist jedoch bei den hier betrachteten Projekten nur selten durchgeführt worden. Auch hier ergibt sich Optimierungspotenzial, denn der Handlungsspielraum und die unternehmerischen Rechte des Projektleiters können durch entsprechende Vereinbarungen vorab festgelegt werden. Ein Vorschlag zur Verbesserung befindet sich im Kapitel sieben dieser Untersuchung.

Ein Projekt lässt sich nur kontrollieren wenn die Überwachung der Vorgaben am Ausführungsort stattfindet. Ein Projektverantwortlicher muss sich regelmäßig von den Fortschritten im Projektverlauf ein Bild machen. Dazu ist ein Besuch der Ausführungsorte bzw. der Baustelle unumgänglich. Oftmals sind die Projektbeteiligten mit administrativen Tätigkeiten derart ausgelastet, so dass ein Vorort Besuch zeitlich nur selten möglich ist. Als Erfolgsfaktor bei der Projektdurchführung hat sich der Einsatz eines Projektbeobachters oder Bauleiters bestätigt. Mehr als zwei Drittel aller Projekte mit negativem Abschluss haben auf diese wertvolle Ressource verzichtet oder hatten keine entsprechenden finanziellen Mittel zur Verfügung. Wobei erwiesen ist, dass die Kosten für einen Projektleiter geringer ausfallen wenn ein Bauleiter eingesetzt wird.[89] Demnach schlägt ein Bauleiter nicht mit den vollen Dienstleistungskosten zu Buche, da er den Projektleiter entlastet.

Als Arbeitsmittel kann der Projekteinkauf gesehen werden. Dieser handelt den Liefer- und Leistungsumfang sowie die Vertragsbedingungen der Subunternehmer aus. Bei nahezu allen Projekten wurde der Projekteinkauf eingebunden und hat für die Projektverantwortlichen durch geschickte Verhandlungsstrategien einen ersten finanziellen Erfolg verbucht. Ziel ist es, stets die Leistungen mit

---

[89] Vgl. Mieth (2007), S.23 ff.

Kosten zu vergeben, die unter den eigenen kalkulierten Kosten liegen. Gelingt dies, ergibt sich ein positiver Anstieg der Project Slippage.

Fast identisch bei beiden Projekttypen ist auch die Auswertung des Einflussfaktors für Qualitätsanforderungen von Seiten des Auftraggebers und das Einhalten von festen Vorgaben in Form von Normen und Regularien. Diese sind bei den hier betrachteten Projekten fast immer bekannt gewesen und wurden entsprechend umgesetzt. Auch die oft nicht berücksichtigten Projekt-nebenkosten wurden in den meisten Fällen beachtet und haben nicht zu einer wesentlichen Veränderung der Project Slippage geführt.

Erstaunlich sind allerdings die subjektiven Aussagen der Projektverantwortlichen in Bezug auf das Kundeninteresse an den Ausführungsleistungen. Hier sollte angenommen werden, dass dies stets hoch und immer präsent ist. Dies ist nicht der Fall und kann mit den gewonnenen Erkenntnissen dieser Studie nicht begründet werden. Ein weiterer Einflussfaktor für eine reibungslose Projektabwicklung ist die Finanzstärke des Auftraggebers. Bei fast allen betrachteten Projekten gab es keine finanziellen Engpässe. Aufgetreten sind diese nur bei drei Projekten mit Verschlechterung der Projektspanne. Die finanziellen Engpässe haben zu zeitlichen Verzögerungen geführt. Benötigte, vom Auftraggeber bereit zu stellende Vorleistungen, wurden nicht zur Verfügung gestellt. Anschließende Mehrkosten durch Beschleunigungsmaßnahmen, um den Gesamtterminplan des Projekts nicht zu gefährden, können bei rechtzeitiger Anmeldung der Behinderung beim Auftraggeber geltend gemacht werden. Dieser Handlungsschritt wurde hier jedoch versäumt.

Im Kapitel 3.3 wurde mit Hilfe einer ABC-Analyse versucht, eine Einstufung der Einflussfaktoren vorzunehmen. Bei der Betrachtung der Ergebnisse aus der Post-mortem-Projektanalyse lässt sich die dort gegebene Bewertung nahezu vollständig bestätigen. Als Faktoren mit hohem Einflussgrad können die Projektplanung, das Projektcontrolling, die Prüfung der Vertragsbedingungen, die klare Definition des Liefer- und Leistungsumfangs, die Erfahrung des Projekt-leiters und die Produktivität bzw. das Fachwissen der Projektmitarbeiter eingestuft werden. Lediglich beim Claimmanagement gibt es Differenzen. Durch den häufig unklaren Liefer- und Leistungsumfang lässt sich darauf schließen, dass das Claimmanagement bei den betrachteten Projekten durch die Projekt-verantwortlichen nicht ausreichend verfolgt wurde. Hingegen ist die mittlere Bewertung des Projekteinkaufs auf hoch zu korrigieren, da der Einkauf bei allen Projekten zu einer positiven Bewegung der Project Slippage geführt hat. Die Analyse kann des Weiteren keine Aussage treffen, ob die Nutzung eines professionellen Vertragsmanagements zu einer Steigerung der Project Slippage führt, da die Projektleiter keinen Gebrauch davon gemacht haben. Die mittlere Einstufung aus Kapitel 3.3 wird jedoch als realistisch erachtet, da die Analyse bewiesen hat, dass nicht alle Projektverantwortlichen die Verträge vor Projektstart prüfen, obwohl dies stets zwingend erforderlich ist. Die Projektanalyse hat weiterhin gezeigt, dass der Einsatz einer Projektüberwachung vor Ort nicht der generelle Schlüssel zum Projekterfolg ist. In vielen Fällen ging es auch ohne. Aus diesem Grund hat sich auch für diesen Einflussfaktor die mittlere Einstufung als richtig erwiesen.

Die erhobenen Daten aus der Post-mortem-Projektanalyse ermöglichen abschließend eine Aufzeichnung eines Erfolgs- bzw. Misserfolgs-Trends im Projektmanagement der in dieser Studie untersuchten Unternehmung. In der folgenden Abbildung 18 wird die Anzahl der erfolgreichen und der nicht erfolgreichen Projekte im betrachteten Zeitraum mit zwei Kurven verglichen. Die X-Achse fungiert dabei als Zeitachse auf der die Quartale, abgekürzt mit Q1-Q4, der einzelnen Jahre aufgetragen sind. Bei der Betrachtung der Kurven fällt auf, dass seit dem dritten Quartal im Jahr 2011 die Großprojekte eine übermäßige Verschlechterung der Projektspanne aufweisen. Über den gesamten Zeitraum musste das Unternehmen mehr als eine Million Euro, gegenüber den kalkulierten Kosten, zusätzlich aufwenden, um die negativ verlaufenen Projekte abzuschließen.

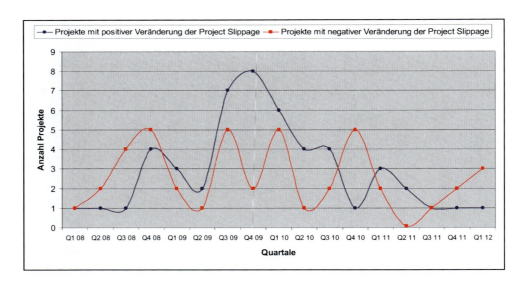

Abbildung 18: Trendverlauf der Projekte mit positiver und negativer Veränderung der Project Slippage[90]

---

[90] Eigene Darstellung

5 Befragung

Die Befragung der Mitarbeiter aus dem Bereich des Projektmanagements leitet den rein wissenschaftlichen Teil dieser Studie ein und stellt die Forschungsleistung dieser Studie dar. Gemäß der Ausarbeitung des Forschungsdesigns, wie im Kapitel 2.2 erläutert, erhalten die Befragten einen Fragebogen in Papierform zur schriftlichen Bearbeitung. Der Fragebogen ist in seiner verteilten Form im Anhang B ab Seite 85 aufgeführt.

Die Auswertung der Fragebögen wird mit Hilfe von Säulendiagrammen und dem Programm Microsoft Excel erfasst und schriftlich in den folgenden Kapiteln dargestellt. Im Anhang C ab Seite 90 sind zu jeder einzelnen Frage und Berufsgruppe die Diagramme aufgeführt. Im Kapitel 5.1 werden die Ergebnisse der Berufsgruppe der Projektbearbeiter, Projektleiter und Project Manager behandelt. Im Text wird auf alle Fragen eingegangen welche eindeutige Ergebnisse erzielt haben oder eine große Differenz bei der Beantwortung aufweisen. Des Weiteren werden die unter Sonstiges genannten Punkte durch eine Clusterbildung gruppiert und das daraus entwickelte Pfadmodell in dem jeweiligen Kapitel angegeben. Im Kapitel 5.2 erfolgt die Auswertung der Fragebögen der Berufsgruppe der Kaufleute. Analog zu dem Auswerteverfahren im Kapitel 5.1 werden die Ergebnisse zusammengetragen. Die Berufsgruppe der technischen und kaufmännischen Führungskräfte wird im Kapitel 5.3 dargestellt. Es erfolgt keine Zusammenfassung der Ergebnisse, sondern ein direkter Vergleich zwischen der Auffassung der technischen und kaufmännischen Führungskräfte. Abweichungen werden im Text genannt und kommentiert. Die unterschiedlichen Denkweisen der Führungskräfte aus den verschiedenen Wissensbereichen werden so zusätzlich betont.

Da die Befragten auch eine Angabe zu ihrem Alter und der daraus resultierenden Berufserfahrung machen, ist es möglich, in jeder Berufsgruppe auch die Fragen zu beleuchten wo es eine starke Unterscheidung zwischen jungen und erfahrenen Mitarbeitern gibt. Vorweg sei angemerkt, dass eine deutliche und bemerkenswerte Unterscheidung in keiner Berufsgruppe aufgetreten ist. Die explizite Darstellung der allgemeinen Altersstruktur soll nicht erfolgen, da dies für das Untersuchungsergebnis nicht weiter relevant ist. Im Anhang C ab Seite 90 ist jedoch auch zu jeder Berufsgruppe die Altersstruktur abgebildet. Von 107 ausgegebenen Fragebögen wurden innerhalb der vorgegebenen Feldzeit 71 zurück gesendet. Dies entspricht einer Beteiligung von 66,36 Prozent.

5.1 Auswertung Projektmitarbeiter und -verantwortliche

Die Beteiligung an der Befragung durch die Projektverantwortlichen und den am Projekt beteiligten Mitarbeitern liegt mit 36 von 65 abgegebenen Bögen bei 55,38 Prozent. Die Auswertung hat ergeben, dass von den 36 Teilnehmern 31 Personen eine Berufserfahrung von mehr als 15 Jahren vorweisen können. Entsprechend basieren die Ergebnisse auf langjähriger praktischer Projekterfahrung, was die Aussagefähigkeit dieser Befragung weiter erhöht.

Die Eingangsfrage befasst sich mit dem Thema der Projektplanung. Wie im Kapitel 4.3 erwähnt, hat sich die Projektplanung als eine der Schlüsselfaktoren im Bezug auf die Project Slippage heraus kristallisiert. Die Projektverantwortlichen schätzen diesen Faktor ebenfalls hoch ein. Knapp die Hälfte der Befragten sagt, dass sich mit einer umfangreichen Projektplanung die Vertriebsspanne und damit die Project Slippage erhöht. 16 Personen gehen sogar davon aus, dass es eine deutliche Verbesserung gibt. Das damit verbundene Projektcontrolling wird dagegen schon differenzierter gesehen. Zwar gehen die meisten davon aus, dass es eine Verbesserung der Spanne gibt, doch über 20 Prozent der Befragten sagen, dass ein kontinuierlich durchgeführtes Controlling keinen Einfluss auf den finanziellen Projekterfolg hat. Dies deckt sich nicht mit der Auswertung der Fachliteratur und der Projektanalyse, denn aufbauend auf der Projektplanung ist ein durchgeführtes Projektcontrolling für eine Steigerung der Vertriebsspanne mit verantwortlich. Das Claimmanagement im Projekt wird dagegen wieder als einflussreicher Faktor auf die Vertriebsspanne gesehen. Ein bemerkenswertes Ergebnis liefert die Frage nach der Prüfung der Vertragsbedingungen zu Projektbeginn, sowie die klare Definition des Liefer- und Leistungsumfangs. Die Hälfte der Befragten sagt, dass eine Prüfung der Vertragsbedingungen keinen Einfluss auf die Veränderung der Vertriebsspanne hat. Die Frage nach der Wichtigkeit einer klaren Definition des Liefer- und Leistungsumfangs beantworten sogar zwei Personen mit der Tendenz zur Verschlechterung der Vertriebsspanne. Wobei angemerkt werden muss, dass zehn Projektverantwortliche und Projektmitarbeiter aussagen, dass sich die Vertriebsspanne bei klaren Umfängen verbessert. Dennoch spiegelt diese Erkenntnis die Auswertung im Kapitel 4.3 wider. Diese hat gezeigt, dass in 86 Prozent der Projekte eine Verschlechterung der Vertriebsspanne vorliegt, wenn der Liefer- und Leistungsumfang nicht klar beschrieben ist. Offenbar scheinen die Verantwortlichen die Wichtigkeit der Prüfung zu unterschätzen oder verzichten aus Zeitgründen auf ein akribisches Studium der Vertragsunterlagen.

Bei der Einschätzung der Auswirkungen durch fremd verschuldete Verzögerungen zeichnet sich ein eindeutiges Bild ab. Verzögerungen treten im Projektverlauf kontinuierlich auf und haben Einfluss auf die Project Slippage. Die Befragten gehen ebenfalls davon aus, dass Verzögerungen eine Verschlechterung der Vertriebsspanne hervorrufen. Entsprechend sind hier rechtzeitig Maßnahmen zu treffen um zusätzliche Kosten geltend zu machen. Auch bei der Frage nach den Auswirkungen durch Personalengpässe ergibt sich ein einheitliches Bild. Fast alle gehen davon aus, dass Personalengpässe eine Verschlechterung oder gar eine deutliche Verschlechterung der Vertriebsspanne hervorrufen. In Anbetracht der Tatsache der außerordentlich langen Berufserfahrung der Beteiligten kann behauptet werden, dass nahezu jeder Befragte mit diesem Umstand im Projekt bereits leben musste und daher umfangreiche Erfahrungen gesammelt hat. Als weiterer Erfolgsgarant bei der Projektabwicklung hat sich in der vorliegenden Studie die Erfahrung der einzelnen Personen herausgestellt. Die Befragten schätzen den Erfahrungsschatz sowohl bei den Teammitgliedern als auch bei den Projektverantwortlichen als äußerst wichtig ein. Demnach sorgt langjährige Berufserfahrung für einen positiven Anstieg der Vertriebsspanne und damit für eine positive Project Slippage. In die gleiche Richtung geht die Ansicht bei der Frage nach der Auswirkung auf die Vertriebsspanne durch ein fachlich optimal zusammengestelltes Projektteam. Hier sagen fast alle eine Verbesserung der Spanne voraus, mehr als die Hälfte der Befragten erwartet eine deutliche Verbesserung. Die Post-mortem-Projektanalyse hat gezeigt, dass die Einbindung eines Vertragsmanagers nicht aktiv gelebt wird. Entsprechend behaupten mehr als die Hälfte der Projektverantwortlichen und Projektmitarbeiter, dass die Einbindung eines Vertragsmanagers keinen Einfluss auf die Vertriebsspanne hat. Lediglich neun Personen erwarten eine Verbesserung der Spanne. An dieser Stelle kann die These aufgestellt werden, dass nicht genügend Erfahrungswerte vorliegen, um eine Einteilung vorzunehmen. Der im Kapitel 4.3 angekündigte Optimierungsansatz erhält somit eine weitere Dringlichkeit. Die Einhaltung einer einheitlichen Dokumentationsstruktur geht tendenziell mit einer Verbesserung der Vertriebsspanne einher. Dies deckt sich nicht gänzlich mit der Auswertung im Kapitel 4.3, denn dort wurde erläutert, dass eine einheitliche Dokumentationsstruktur nicht ausschließlich als Einflussfaktor auf die Project Slippage gesehen werden, aber durchaus helfen kann, die Übersicht im Projekt zu behalten und bei Austausch von einzelnen Projektbeteiligten die Einbindung der Neuen zu beschleunigen. Differenziert wird dagegen der Einfluss des Qualitätsmanagements gesehen. Die Bewertungsspanne liegt für zwei Befragte gar bei einer deutlichen Verschlechterung der Vertriebsspanne und reicht bis hin zu einer Verbesserung des erwarteten Projekterfolgs. Nahezu die Hälfte der Befragten geht davon aus, dass sich die Vertriebsspanne mit Einbindung des Qualitätsmanagements nicht verändert. Die Berufserfahrung der Projektverantwortlichen spielt bei der Umsetzung der Vorgaben des Qualitätsmanagements offenbar nicht wie im Kapitel 4.3 angenommen eine herausragende Rolle. Der Umstand der differenzierten bzw. neutralen Einschätzung als Einflussfaktor auf die Vertriebsspanne lässt Raum für einen Optimierungsansatz, welcher im Kapitel sieben ausformuliert wird.

Bei der Einschätzung der Wichtigkeit einer funktionierenden Kommunikation im Projektteam herrscht dagegen grundlegende Einigkeit. Ist die Kommunikation im Projektteam gestört, so hat dies eine Verschlechterung der Vertriebsspanne zur Folge. Auch bei der Untersuchung der Frage nach der Auswirkung durch unproduktive Teammitglieder herrscht Einigkeit, ebenso bei der Frage nach den Auswirkungen durch Managemententscheidungen, die sich von den Projektverantwortlichen deutlich unterscheiden. In beiden Fällen wird von einer Verschlechterung und teilweise einer deutlichen Verschlechterung der Vertriebsspanne ausgegangen. Wie im Kapitel 4.3 festgestellt, sind in der Vergangenheit zu Projektbeginn nur selten Projektleitervereinbarungen getroffen und Eskalationsstufen festgelegt worden. Entsprechend sagen mehr als die Hälfte der Befragten, dass eine Projektleitervereinbarung keinen Einfluss auf die Spanne hat. Zwei Personen sehen sogar eine Verschlechterung der Vertriebsspanne durch eine solche Vereinbarung, womöglich weil sie sich somit einer größeren Verantwortung und damit einem höheren Druck unterziehen müssen. Die übrigen Befragten sind der Projektleitervereinbarung positiv aufgeschlossen und sehen darin sogar eine Tendenz für eine Verbesserung der Spanne. Der Einsatz einer Bauleitung wird dagegen als Garant für eine Verbesserung der Vertriebsspanne gesehen, was sich nicht mit der Auswertung der Post-mortem-Projektanalyse und der Einschätzung aus der Fachliteratur deckt. Eine starke Differenz hat die Frage nach dem Einfluss des Projekteinkaufs hervorgerufen. Die Vielzahl der Projektverantwortlichen sagt, dass die Einbindung des Projekteinkaufs keinen Einfluss auf die Vertriebsspanne hat. Drei Personen behaupten sogar, dass der Projekteinkauf eine deutliche Verschlechterung der Vertriebsspanne mit sich bringt. Vier Personen erwarten dagegen eine deutliche Verbesserung der Spanne. Ganzheitlich betrachtet, lässt sich eine leichte Tendenz zur Verbesserung der Vertriebsspanne mit Hilfe des Projekteinkaufs erkennen. Bei der Auswertung dieser Frage ist das in allen Unternehmensbereichen vorkommende

Konfliktpotential zwischen der ausführenden Technik und dem Ressourcen beschaffenden Buying Center zu erkennen. Die Einschätzungen aus der Fachliteratur im Kapitel 3.1 und die Auswertung der Post-mortem-Analyse im Kapitel 4.3 besagen jedoch, dass der Projekteinkauf einen sehr hohen Einfluss auf die Project Slippage hat und damit für eine Verbesserung der Vertriebsspanne verantwortlich ist. Eine Sensibilisierung auf Seiten des Einkaufs und den Projektverantwortlichen ist wohl nötig, um die Zusammenarbeit von beiden Abteilungen zu harmonisieren. Ein entsprechender Optimierungsansatz findet sich im Kapitel sieben. Erwartungsgemäß hat sich die Einschätzung von nicht kalkulierten Projektnebenkosten gezeigt. Diese sorgen stets für eine Verschlechterung und zum Teil für eine deutliche Verschlechterung der Vertriebsspanne. Überraschend für den Autor ist dagegen die Auswertung der drei Fragen in Bezug auf den Kunden ausgefallen. Mehr als die Hälfte der Befragten sind der Meinung, dass zu Projektbeginn klar definierte Qualitätsanforderungen des Kunden keinen Einfluss auf den finanziellen Projekterfolg haben. Die Tendenz geht in beide Richtungen, denn einige behaupten, dass eine Klärung eine Verschlechterung der Vertriebsspanne bewirkt und die restlichen Befragten gehen von einer leichten Verbesserung der Spanne aus. Zu erklären ist dies womöglich mit der Kostenkalkulation. Bei Projekten wo die Qualitätsanforderungen nicht bereits während des Angebotsprozesses geklärt wurden, können die Anforderungen das vorhandene Budget übersteigen. Werden die Anforderungen geklärt, kann das vorhandene Budget gezielt eingesetzt werden, was spätere Nachbesserungen zur Kundenzufriedenheit erübrigt. Die Frage nach der Auswirkung auf die Ausführungsqualität, wenn sich der Kunde mit hohem Eigeninteresse einbringt, hat ein ähnliches Ergebnis hervorgerufen. Die Hälfte der Befragten geht von keiner Veränderung der Vertriebsspanne aus, die übrigen Projektverantwortlichen und Projektmitarbeiter verteilen sich nahezu gleichmäßig in den Bereichen der leichten Verschlechterung und leichten Verbesserung der Vertriebsspanne. Finanzielle Engpässe führen dagegen im hohen Maß zur Verschlechterung der Spanne, wobei sich auch hier wieder mehr als die Hälfte der Befragten für eine neutrale Bewertung entschieden haben und davon ausgehen, dass sich die Vertriebsspanne nicht verändert. Werden diese drei kundenspezifischen Fragen isoliert betrachtet, ergibt sich die Auffassung, dass das Mitwirken des Kunden bei der Projektabwicklung nicht gewünscht oder zumindest ungern gesehen wird. Gerade dieser Faktor lässt Spielraum für Optimierungsmaßnahmen, da die Interessen des Kunden im Lösungs- und

Anlagengeschäft in den Mittelpunkt gerückt werden müssen, um langfristig erfolgreich am Markt zu sein.[91]

Nachfolgend ist in Abbildung 19 ein Clustermodell angegeben, welches die Gedanken der beiden offen gestalteten Fragen des Fragebogens sammelt und ordnet. Das Pfadmodell als Resultat der Clusterbildung in Abbildung 20 nach Jacob schließt dieses Kapitel ab.[92]

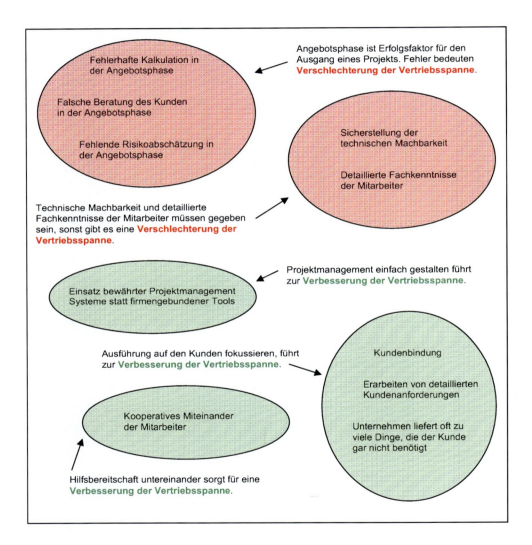

Abbildung 19: Clustermodell der offenen Fragen – Fragebogen der Projektverantwortlichen und Projektmitarbeiter[93]

[91] Steinle/Barnert/Steinbeck (2010), S.20-27.
[92] Vgl. Jacob u.a. (2011), S.223.
[93] Eigene Darstellung

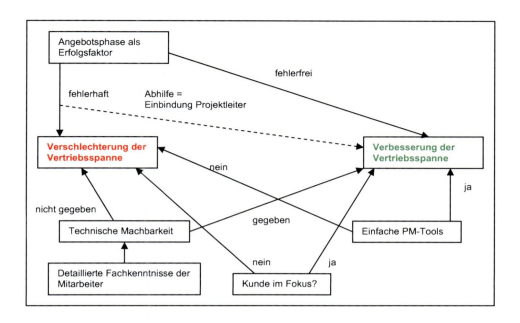

Abbildung 20: Pfadmodell der offenen Fragen – Fragebogen der Projekt-verantwortlichen und Projektmitarbeiter[94]

5.2 Auswertung Projektkaufleute

Die Beteiligung an der Befragung bei den Projektkaufleuten liegt mit 21 abgegebenen von 25 verteilten Bögen auf einem sehr hohen Niveau. Damit haben 84 Prozent der Projektkaufleute etwas zur Lösung der Forschungsfrage beigetragen. Die Altersstruktur ist in dieser Berufsgruppe ausgeglichen. Etwa die Hälfte kann auf eine Berufserfahrung von mehr als 15 Jahre bauen, die übrigen Projektkaufleute reihen sich im Bereich der Berufseinsteiger bis hin zu Experten mit acht Jahren Berufserfahrung ein.

Bereits bei der Betrachtung der ersten vier Fragen lässt sich eine hohe Homogenität bei der Beantwortung feststellen. Für die Projektkaufleute haben die Projektplanung, das Projektcontrolling, das Claimmanagement und die Prüfung der Vertragsbedingungen zu Projektbeginn einen hohen Stellenwert. Entsprechend wurden die Faktoren mit einer Verbesserung und teilweise gar deutlichen Verbesserung der Vertriebsspanne bewertet. Differenzen sind dagegen bei der Einschätzung des klaren Liefer- und Leistungsumfangs zu erkennen. Mehr als die Hälfte sagen, dass die Klärung eine Verbesserung der Spanne mit sich bringt. Allerdings sind auch sieben Personen für eine neutrale Einstufung und

---

[94] Eigene Darstellung

69

zwei befürchten gar eine Verschlechterung der Vertriebsspanne. Letzteres lässt darauf schließen, dass Projektkaufleute in unklaren Liefer- und Leistungsumfängen Chancen für ein umfangreiches Claimmanagement sehen. Ähnliches wird auch bei der Betrachtung der Frage zu den Auswirkungen von fremd verschuldeten Verzögerungen deutlich. Knapp die Hälfte bewertet diesen Faktor als neutral. Die übrigen sehen eine Veränderung in positiver bzw. negativer Richtung. Auch hier lässt sich ableiten, dass Projektkaufleute bei rechtzeitiger Anmeldung der Behinderung eine Chance für einen Claim sehen. Engpässe beim Personal werden als Verschlechterung und langjährige Berufserfahrung der Teammitglieder sowie des Projektverantwortlichen als Verbesserung der Vertriebsspanne gesehen. Ein fachlich optimal abgestimmtes Projektteam, die Einbindung eines Vertragsmanagers und eine einheitliche Dokumentationsstruktur verbessern nach Auffassung der Projektkaufleute die Spanne. Wie bei den Projektverantwortlichen gibt es bei der Einbindung des Qualitätsmanagements eine differenzierte Auffassung. Die Hälfte schätzt die Einbindung des Qualitätsmanagements positiv ein und vermutet eine Verbesserung des finanziellen Erfolgs. Auch bei den Projektkaufleuten sind drei Personen der Meinung, dass die Einbindung des Qualitätsmanagements und damit das Einhalten von Vorschriften im Projektverlauf zu einer Verschlechterung der Vertriebsspanne führt. Einigkeit herrscht wieder bei der Einschätzung einer gestörten Kommunikation im Projektteam, Auswirkungen von unproduktiven Teammitgliedern und getroffene Managemententscheidungen, welche sich von denen des Projektverantwortlichen differenzieren. Die Befragten sind bei den drei letztgenannten Faktoren der Meinung, dass sich diese negativ auf die Vertriebsspanne auswirken. Bei der Frage nach einer Projektleitervereinbarung und dem Festlegen von Eskalationsstufen zu Projektbeginn sind 13 Personen der Meinung, dass dies keinen Einfluss auf die Spanne hat. Die Tendenz der übrigen Befragten ist eher positiv. Demnach sind die Projektkaufleute der Meinung, dass eine klare Zuordnung der Verantwortlichkeiten und Klärung der unternehmerischen Kompetenz zu einer Verbesserung der Vertriebsspanne führen. Bei der Einschätzung des Einsatzes einer Bauleitung ist die Tendenz positiv. Mehr als die Hälfte gehen davon aus, dass eine Bauleitung einen zusätzlichen Projekterfolg generiert. Sechs Personen sind dagegen der Meinung, dass dies keinen Einfluss hat und zwei Personen gehen gar von einer Verschlechterung der Spanne aus. Dies wird mit dem bei Projektkaufleuten ausgeprägt vorhandenem betriebswirtschaftlichem Denken zu tun haben, denn ein zusätzlicher Bauleiter verursacht Fixkosten und garantiert keine Verbesserung der Vertriebsspanne. Die Einbindung des Projekteinkaufs wird dagegen als zwingend erforderlich gesehen. Bis auf zwei Befragte sind alle der Überzeugung, dass der Projekteinkauf für eine Verbesserung der Spanne sorgen kann. Einigkeit herrscht auch bei der Einschätzung im Bezug auf die nicht kalkulierten Projektnebenkosten. Diese verschlechtern die Spanne deutlich. Bei der Betrachtung der drei Fragen, welche den Einfluss des Kunden widerspiegeln, zeigt sich ein ähnliches Bild wie bei den Projektverantwortlichen. Die zu Projektbeginn klar definierten Qualitätsanforderungen des Kunden haben keinen Einfluss auf die Vertriebsspanne. Dennoch ist eine leichte Tendenz in Richtung Verbesserung erkennbar. Das Kundeninteresse während der Ausführung des Projekts wird ebenfalls stark neutral gewertet. Drei Personen sind der Meinung, dass das Mitwirken die Spanne verschlechtert und vier sehen Verbesserungs- potenzial der Spanne. Wenn finanzielle Engpässe des Kunden eintreten, so gehen diese stets mit einer Verschlechterung der Vertriebsspanne einher. Analog zu der Auswertung bei den Projektverantwortlichen scheint der Fokus auf den Kunden nicht als erfolgsfördernd eingestuft zu werden. Wie bereits im Kapitel 5.1 angekündigt, lässt diese Sichtweise Spielraum für Optimierungsmaßnahmen welche im Kapitel sieben wiedergegeben werden. Nachfolgend ist ebenfalls das Clustermodell in Abbildung 21 angegeben, welches die Gedanken der Projekt- kaufleute im Bezug auf die beiden offen gestalteten Fragen sammelt und ordnet. Das Pfadmodell als Resultat der Clusterbildung in Abbildung 22 schließt das Kapitel 5.2 ab.

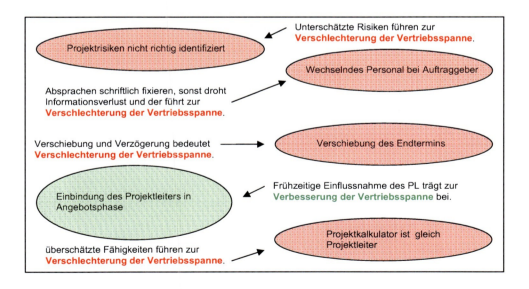

Abbildung 21: Clustermodell der offenen Fragen – Fragebogen der Projekt-kaufleute[95]

---

[95] Eigene Darstellung

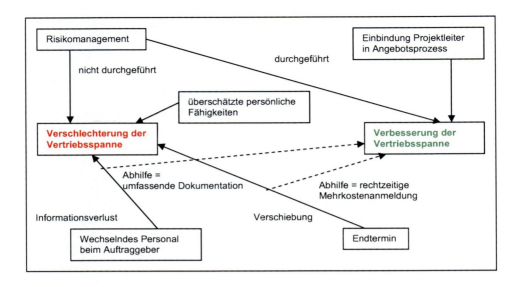

Abbildung 22: Pfadmodell der offenen Fragen – Fragebogen der Projektkauf-leute[96]

5.3 Auswertung Führungskräfte

Die Auswertung der Führungskräfte wird gleichzeitig durchgeführt, um direkt die Meinungen der einzelnen Personen miteinander zu vergleichen. Von den 17 Führungskräften wurden 14 Bögen ausgefüllt zurückgeschickt. Dies entspricht einer Beteiligung von 82,35 Prozent. Die Altersstruktur ist bei den technischen und kaufmännischen Führungskräften ähnlich. Zwei Drittel bewegen sich im Bereich zwischen 36 und 45 Jahren, die übrigen Befragten sind 46 Jahre und älter. Bei der Berufserfahrung zeichnet sich ein identisches Bild ab, bis auf zwei Führungskräfte verfügen alle über eine Berufserfahrung von mehr als 15 Jahren. Bei der Betrachtung der Ergebnisse lässt sich vorweg sagen, dass sich die Antworten tendenziell ähneln und daher keine großen Unterschiede zwischen den technischen und kaufmännischen Führungskräften bei der Bewertung der Einflussfaktoren für den finanziellen Projekterfolg zu erkennen sind. Bemerkens-werte Unterschiede werden im Verlauf dieses Kapitels genannt.

Die Projektplanung, das Projektcontrolling, das Claimmanagement und die Prüfung der Vertragsbedingungen zu Projektbeginn sind allesamt Erfolgsfaktoren zur Steigerung der Vertriebsspanne. Bei der klaren Definition des Liefer- und Leistungsumfangs sind die kaufmännischen Führungskräfte einheitlich der Meinung, dass dies die Vertriebsspanne verbessert. Die technischen Führungs-

---

[96] Eigene Darstellung

kräfte sind dagegen mehrheitlich der Meinung, dass dies keinen Einfluss auf die Spanne hat. Zwei Personen aus den Reihen der technischen Führungskräfte gehen allerdings von einer deutlichen Verbesserung der Vertriebsspanne aus. Bei fremd verschuldeten Verzögerungen im Projektablauf sind die Führungskräfte der Überzeugung, dass dies keine Verschlechterung der Spanne sondern gar die Chance für eine Verbesserung der Vertriebsspanne mit sich bringt. Lediglich zwei Personen aus dem technischen Bereich gehen von einer deutlichen Verschlechterung des finanziellen Projekterfolgs aus. Die positive Tendenz kann damit begründet werden, dass bei Ausnutzung der internen Firmenrichtlinien und Anwendung der Gesetzgebung nach VOB durch rechtzeitige Behinderungsmeldung zusätzlich einzuleitende Maßnahmen für eine Projektbeschleunigung vom Verursacher der Verzögerung bzw. dem Auftraggeber kostentechnisch getragen werden.

Einigkeit herrscht wieder bei der Einschätzung der Personalengpässe, der Berufserfahrung der Teammitglieder und des Projektleiters. Erst genanntes sorgt für eine Verschlechterung, die beiden letzt genannten Punkte für eine Verbesserung der Vertriebsspanne. Ein fachlich optimal abgestimmtes Team ist mit Sicherheit der Wunsch einer jeden Führungskraft im Projektmanagement. Deshalb schätzen alle Befragten ein, dass sich bei optimaler Zusammensetzung die Spanne verbessert. Ebenso sehen die befragten Personen den Einfluss einer einheitlichen Dokumentationsstruktur. Kleine Abweichungen mit identischer Tendenz gibt es bei der Einschätzung der Einbindung eines Vertragsmanagers. Hier sagen bis auf zwei technische und kaufmännische Führungskräfte, dass die Zuhilfenahme keinen Einfluss auf die Spanne hat. Ausgeprägter werden die Abweichungen bei der Betrachtung der Frage bezüglich des Qualitätsmanagements. Die Personen mit kaufmännischem Hintergrund gehen davon aus, dass das Qualitätsmanagement keinen Einfluss auf die Vertriebsspanne hat. Sehr differenziert ist die Einschätzung bei den technischen Führungskräften. Die Hälfte ist der Meinung, dass dieser Faktor keinen Einfluss nimmt, ein Viertel sagt, dass das Qualitätsmanagement die Spanne deutlich verbessert und ein weiteres Viertel sieht die Einbindung tendenziell gar bei einer Verschlechterung der Vertriebsspanne. Diese Spreizung lässt sich mit den vorhanden Daten nur durch individuelle Erfahrungen der einzelnen Personen erklären, die offenbar äußerst positiv und teilweise negativ ausgefallen sind.

Führungskräfte sind unabhängig von ihrer Ausrichtung der Meinung, dass eine Verbesserung der Vertriebsspanne nicht durch eine gestörte Kommunikation im Team, unproduktive Teammitglieder und durch Managemententscheidungen welche die Entscheidungen der Projektverantwortlichen umgehen, erzielt werden kann. Bei der Projektleitervereinbarung sehen die technischen Führungskräfte keine Auswirkungen auf die Vertriebsspanne. Lediglich ein Viertel sieht eine Verbesserung der Spanne. Die kaufmännischen Führungskräfte haben dagegen eine durchgängig positive Tendenz und sind der Meinung, dass solche Festlegungen zu Projektbeginn die Vertriebsspanne spürbar verbessern. Eine Bauleitung hat in beiden Fällen eher keinen Einfluss auf die Spanne, wobei immerhin die Hälfte der technischen Führungskräfte doch eine deutliche Verbesserung der Vertriebsspanne sieht. Dieses Ergebnis lässt sich wieder mit dem betriebswirtschaftlichen Denken der Kaufleute erklären, denn eine Bauleitung verursacht erstmal fixe Kosten, welche die Spanne verschlechtern. Offenbar hat die Hälfte der technischen Führungskräfte positive Erfahrungen mit einer eingesetzten Bauleitung gemacht und schätzt somit den Einsatz als erfolgsfördernd ein.

Die Einbindung des Projekteinkaufs sorgt für eine Verbesserung, nicht kalkulierte Projektnebenkosten für eine Verschlechterung der Vertriebsspanne. Diese zwei Fragen wurden nahezu identisch beantwortet. Interessant wird wieder die Betrachtung der drei Fragen im Bezug auf den Kunden. Klar definierte Qualitätsansprüche des Kunden zum Projektstart haben keinen Einfluss auf die Spanne. Die Beantwortung weist eine Tendenz zur Verschlechterung der Spanne auf, wobei nur zwei kaufmännische Führungskräfte der Meinung sind, dass eine enge Absprache zu den Vorstellungen des Kunden die Spanne sogar verbessern kann. Beim Kundeninteresse im Bezug auf die Ausführungsqualität ergibt sich ein identisches Bild wie bei der voran gegangenen Frage. Zusammenfassend lässt sich auch hier die These aufstellen, dass die Einbindung des Kunden zu Projektbeginn und während der Ausführungszeit eher die Vertriebsspanne durch zusätzliche Umsetzungsideen verschlechtern wird.

Bei den finanziellen Engpässen auf Seiten des Kunden sind die technischen Führungskräfte der Meinung, dass dies die Vertriebsspanne verschlechtert. Die kaufmännischen Führungskräfte sehen dagegen eine Tendenz zur Verbesserung der Spanne, wenn die Richtlinien und Gesetzgebungen bei Zahlungsverzug eingehalten werden.

Auch die Führungskräfte haben die offenen Fragen beantwortet. Nachfolgend findet sich das Clustermodell analog zu den aufgestellten Modellen im Kapitel 5.1 und 5.2 in Abbildung 23 sowie das dazugehörige Pfadmodell in Abbildung 24.

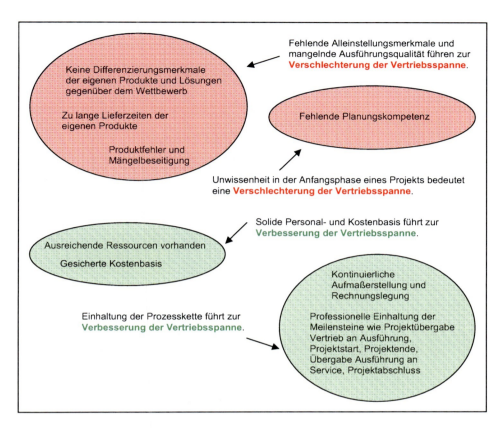

Abbildung 23: Clustermodell der offenen Fragen – Fragebogen der technischen und kaufmännischen Führungskräfte[97]

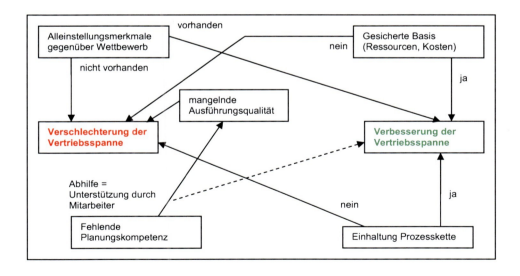

Abbildung 24: Pfadmodell der offenen Fragen – Fragebogen der technischen und kaufmännischen Führungskräfte[98]

---

[97] Eigene Darstellung
[98] Eigene Darstellung

6 Zusammenführung der Ergebnisse

Das vorliegende Kapitel sechs soll die Ergebnisse aus dem Kapitel drei – Einflussfaktoren auf die Project Slippage, Kapitel vier – Post-mortem-Projektanalyse und Kapitel fünf – Befragung, zusammenführen und einen Vergleich ermöglichen. Im Kapitel drei wurde die internationale Fachliteratur auf die wesentlichen Einflussfaktoren des finanziellen Projekterfolgs untersucht und mit den Vorgaben aus dem Projektmanagement Prozess des DAX-Konzerns verglichen. Die Exzerpte der Einflussfaktoren stellt die Grundlage für die folgende Post-mortem-Projektanalyse und den verteilten Fragebogen dar. Die Post-mortem-Projektanalyse hat Großprojekte, welche mindestens eine Einstufung als C-Projekt erhalten haben, im Zeitraum von 2008 bis 2012 auf das Eintreten der im Kapitel drei heraus gearbeiteten Einflussfaktoren auf die Project Slippage untersucht. Die Befragung im Kapitel fünf hat die Projektverantwortlichen und Projektmitarbeiter sowie die Projektkaufleute und die Führungskräfte eingeschlossen. Die Befragten wurden mit den ermittelten Einflussfaktoren konfrontiert und wurden gebeten, die Wirkung auf die Project Slippage einzuschätzen. Die nachfolgende Tabelle drei auf Seite 68 stellt die Ergebnisse der einzelnen Kapitel gegenüber und ermöglicht somit einen Vergleich zwischen den Einflussfaktoren. Die erste Spalte spiegelt den Einflussgrad auf die Project Slippage nach Exzerpte der internationalen Fachliteratur und dem Projektmanagement Prozess des DAX-Konzerns wider. In der zweiten Spalte werden die untersuchten Projekte nach positiver und negativer Project Slippage unterschieden. Die Aussage, ob ein Einflussfaktor bei einem Projekt mit positiver oder bei einem Projekt mit negativer Project Slippage eingetreten ist, lässt sich anhand der angegebenen Prozentzahlen in den vier Unterspalten treffen. Das Ergebnis der Befragung ist in der letzten Spalte eingetragen, wobei auch hier in drei Unterspalten die einzelnen Berufsgruppen unterschieden werden. Zur Vereinfachung der Darstellung steht das Plussymbol mit grünem Hintergrund für eine Verbesserung der Vertriebsspanne und damit der Project Slippage. Analog dazu werden Einflussfaktoren ohne Wirkung auf die Spanne als neutral bezeichnet und erhalten einen gelben Hintergrund. Die Verschlechterung der Vertriebsspanne wird mit einem Minussymbol und rotem Hintergrund gekennzeichnet. Erläuterungen zu den einzelnen Abkürzungen in der Tabelle sowie Anmerkungen zu den markierten Einflussfaktoren finden sich im unteren Tabellendrittel. Beispiele zur Handhabung der Tabelle befinden sich auf Seite 69.

Einflussfaktor	Literatur Einfluss-grad	Post-mortem-Projektanalyse Faktor durchgeführt/eingetreten				Befragung		
		pos. Pr. Slip.		neg. Pr. Slip.		PB,PL, PM	KVS, EKVS	FK's
		(ja):	(nein):	(ja):	(nein):			
Projektplanung	hoch	96%	4%	77%	23%	+	+	+
Projektcontrolling	hoch	90%	10%	77%	23%	+	+	+
Claimmanagement	hoch	66%	34%	72%	28%	+	+	+
Prüfung der Vertragsbedingung	hoch	90%	10%	77%	23%	o	+	+
Definition Liefer- und Leistungsumfang	hoch	56%	44%	14%	86%	+	+	+
Verzögerungen im Projektablauf	hoch	70%	30%	81%	19%	-	o	+
Personalressourcen*	hoch	86%	14%	63%	37%	-	-	-
Erfahrung des Projektleiters	hoch	72%	28%	49%	51%	+	+	+
Projektteam	hoch	100%	0%	49%	51%	+	+	+
Einbindung Vertragsmanager	mittel	8%	92%	12%	88%	o	+	o
einheitliche Dokumentationsstruktur	mittel	90%	10%	79%	21%	+	+	+
Qualitätsmanagement	mittel	74%	26%	40%	60%	o	+	o
intakte Kommunikation im Team*	mittel	88%	12%	77%	23%	o	o	o
Produktivität der Mitarbeiter*	mittel	88%	12%	56%	44%	o	o	o
Managemententscheidungen	mittel	22%	78%	53%	47%	-	-	-
Projektleitervereinbarung/ Eskalationsstufen	mittel	8%	92%	5%	95%	o	o	+
Einsatz einer Bauleitung	mittel	82%	18%	33%	67%	+	+	+
Einbindung Projekteinkauf	mittel	96%	4%	95%	5%	o	+	+
definierte Qualitätsanforderungen des Kunden	mittel	88%	12%	77%	23%	o	o	o
Berücksichtigung Projektnebenkosten*	niedrig	86%	14%	74%	26%	o	o	o
Kundeninteresse bei Ausführung	niedrig	72%	28%	67%	33%	-	o	o
fianzielle Engpässe auf Kundenseite	niedrig	0%	100%	8%	92%	-	-	+

Pr. Slip. = Project Slippage; PB, PL, PM = Projektbearbeiter/-in, Projektleiter/-in, Project Manager

KVS/EKVS = Projektkaufmann/-frau, Erste/-r Projektkaufmann/-frau; FK's = Führungskräfte

*Personalressourcen = Frage: Welche Auswirkungen haben Personalengpässe?

Antwort: Engpässe verschlechtern die Project Slippage bzw. Vertriebsspanne

*intakte Kommunikation im Team = Frage: Wie wirkt sich eine gestörte Kommunikation im Team aus?

Antwort: Verschlechterung der Vertriebsspanne = neutrale Wertung in Tabelle

*Produktivität Mitarbeiter = Frage: Wie wirken sich einzelne unproduktive Teammitglieder in Bezug auf die gesamte Projektbearbeitung aus?

Antwort: Verschlechterung der Vertriebsspanne = neutrale Wertung in Tabelle

*Berücksichtigung Projektnebenkosten = Frage: Wie wirken sich nicht kalkulierte Projektnebenkosten aus?

Antwort: Verschlechterung der Vertriebsspanne = neutrale Wertung in Tabelle

Tabelle 3: Zusammenführung der Ergebnisse[99]

---

[99] Eigene Darstellung

Als Information sei noch erwähnt, dass die in der Tabelle rot markierten Fragen in den Erläuterungen anderslautend im Fragebogen gestellt wurden, deshalb ist eine direkte Übertragung nicht möglich und eine sinnvolle Abwandlung nötig. In der Tabelle wurden die Einflussfaktoren der langjährigen Berufserfahrung der Teammitglieder und die Wichtigkeit einer intakten Kommunikation im Projektteam zum Gesamtbegriff Projektteam zusammengefasst. Die Einschätzung der Befragten ist über alle Berufsgruppen bei beiden Einflussfaktoren identisch. Somit ist die Zusammenfassung ohne Informationsverlust möglich.

Als erstes Beispiel soll der Einflussfaktor Projektplanung heran gezogen werden. Laut Exzerpte der Literatur und dem Projektmanagement Prozess des DAX-Konzerns hat der Faktor einen hohen Einflussgrad auf die Project Slippage. Bei der Post-mortem-Projektanalyse konnte bei 96 Prozent der betrachten Projekte mit positiver Project Slippage und bei 77 Prozent mit negativer Project Slippage die Durchführung einer Projektplanung nachgewiesen werden. Die Projektbearbeiter, Projektleiter und Project Manager sowie die Projektkaufleute und Führungskräfte gehen davon aus, dass eine durchgeführte Projektplanung zur Verbesserung der Vertriebsspanne und damit zu einer positiven Project Slippage beiträgt.

Analog zu diesem Beispiel sind getroffene Managemententscheidungen, die die Entscheidungen der Projektverantwortlichen außer Kraft setzen gemäß der internationalen Fachliteratur nur mit einem mittleren Einflussgrad zu bewerten. Bei 22 Prozent der Projekte mit positiver Project Slippage und bei 53 Prozent der Projekte mit negativer Project Slippage wurden Managemententscheidungen getroffen, die maßgeblich zur Veränderung der Project Slippage beigetragen haben. Alle Berufsgruppen sind zu dem der Meinung, dass Managemententscheidungen den Projektverantwortlichen schädigen und damit eine Verschlechterung der Project Slippage hervorrufen.

Damit die Ergebnisse transparent dargestellt und daraus Handlungsvorschläge für das strategische Management zur Optimierung des Projektmanagement Prozesses getroffen werden können, stellt die auf Seite 71 dargestellte Tabelle vier die Einflussfaktoren in einer Rangfolge dar und weist das jeweilige Optimierungspotenzial aus. Um eine nachvollziehbare Reihenfolge zu generieren, wurde ein Punktesystem entwickelt, welches die Ergebnisse aus den Kapiteln drei und vier mit einschließt. Die Ergebnisse der Befragung aus Kapitel fünf dienen dazu die Optimierungspotenziale abzuleiten. Schließlich weisen die Einschätzungen der Mitarbeiter daraufhin, ob sie die Einflussfaktoren mit ihrem Einfluss auf die erfolgsausweisende Project Slippage richtig bewerten oder ob in gewissen Bereichen Defizite vorherrschen, welche dem Unternehmen durch das nicht Ausschöpfen von Potenzialen kontinuierlich Mehrkosten bescheren. Der entwickelte Schlüssel zur Erstellung der Reihenfolge sieht vor, dass die Einflussfaktoren mit einem hohen Einflussgrad gemäß der Exzerpte der Fachliteratur drei Punkte, mit mittlerem Einflussgrad zwei Punkte und mit niedrigem Einflussgrad einen Punkt erhalten. Bei den Ergebnissen der Post-mortem-Analyse werden zuerst die Prozentzahlen in Punkte umgewandelt. Bei jedem Einflussfaktor wird ein vorzeichenneutrales Delta zwischen der Punktzahl für „ja" bei den Projekten mit positiver und negativer Project Slippage gebildet. Dieses Ergebnis wird mit den Punkten aus der Fachliteratur addiert und ergibt die erreichten Punkte. Je höher die Punktzahl, desto größer ist der Einfluss auf die Project Slippage. Die errechneten Punktzahlen werden aufsteigend zusammen-getragen und ergeben das Ranking der Einflussfaktoren.

Nachfolgend werden zwei Beispiele genannt, die den erforderlichen Rechen-schritt erläutern sollen. Das Ergebnis für das Projektteam wurde mit 54 Punkten als höchstes eingestuft. Die Fachliteratur bewertet diesen Faktor mit hoch, was drei Punkte bedeutet. In 100 Prozent der Projekte mit positiver Project Slippage konnte bei der Analyse ein fachlich optimal zusammengestelltes Team und eine funktionierende Kommunikation in selbigem festgestellt werden. Lediglich in 49 Prozent der Projekte mit negativer Project Slippage kann sicher davon ausgegangen werden, dass die Teamfaktoren nicht zur Verschlechterung der Vertriebsspanne beigetragen haben. Entsprechend ist hier der Wert mit 51 berechnet worden, was mit den drei Punkten aus der Fachliteratur den Gesamtwert von 54 Punkten widerspiegelt. In diesem Vergleich bedeutet dieser Einflussfaktor Platz eins.

Verzögerungen im Projektverlauf sind gemäß den Exzerpten im Kapitel drei ebenfalls als hoch mit drei Punkten einzustufen. Verzögerungen im Projektverlauf sind allerdings in 70 Prozent der Projekte mit positiver Project Slippage und in 81 Prozent der Projekte mit negativer Project Slippage aufgetreten. Das Delta ist entsprechend elf und beweist, dass Verzögerungen im Projektverlauf nicht zwangsweise und ausschließlich eine Verschlechterung der Vertriebsspanne und damit eine negative Project Slippage bedeuten müssen. Addiert mit den drei Punkten aus der Einstufung der internationalen Fachliteratur ergibt sich somit ein Gesamtwert von 14 Punkten was in diesem Vergleich den Gesamtrang zehn be-deutet.

An dieser Stelle muss jedoch noch eine Anmerkung zu den Ergebnissen gegeben und auf eine Sonderstellung des Projekteinkaufs hingewiesen werden. Die Werte für die Produktivität der Mitarbeiter, die Kommunikation im Team und damit die gesamte Teamleistung, wurden wie im Kapitel vier bereits erwähnt, durch Rücksprachen mit den Projektverantwortlichen der jeweiligen Projekte subjektiv ermittelt. Dennoch ist es schlüssig, dass ein funktionierendes Team für einen Anstieg der Vertriebsspanne und damit für eine positive Project Slippage verantwortlich ist. Die bereits angesprochene Sonderstellung des Einkaufs kommt daher, dass bei der Post-mortem-Projektanalyse festgestellt wurde, dass der Projekteinkauf durch seine Verhandlungsstärke nahezu immer einen Einkaufserfolg, welcher sich in einer Minimierung der Ressourcenkosten niederschlägt, verbuchen kann. Entsprechend erhöht sich um diesen eingesparten Betrag die Vertriebsspanne. Da der Einkauf auch bei den Projekten mit negativer Project Slippage einbezogen wurde, steht der Projekteinkauf ohne Wertung (o.W.) in der nachfolgenden Tabelle vier. Wie bereits angekündigt, ist Optimierungspotenzial für den Projektmanagement Prozess sicher vorhanden, wenn sich die Analyse der Einflussfaktoren aus der Projektanalyse nicht mit den Einschätzungen aus der Befragung deckt. Entsprechend wird die Frage, ob Optimierungspotenzial vorhanden ist, in der dritten Spalte mit ja beantwortet. Die Optimierungsansätze werden im folgenden Kapitel sieben ausformuliert.

Rang	Einflussfaktor	Abweichungen bei Vergleich Post-mortem-Projektanalyse und Befragung vorhanden? Wenn „ja" bedeutet das, dass Optimierungspotenzial vorhanden ist.
1	Projektteam	
2	Einsatz einer Bauleitung	
3	klar definierter Liefer- und Leistungsumfang	ja
4	Qualitätsmanagement	ja
5	Produktivität der Mitarbeiter	
6	Managemententscheidungen	
7	Personalressourcen	
	Erfahrung des Projektleiters	ja
8	Projektplanung	
9	Projektcontrolling	
	Prüfung der Vertragsbedingungen	ja
10	Verzögerungen im Projektablauf	ja
11	intakte Kommunikation im Team	
	einheitliche Dokumentationsstruktur	
	definierte Qualitätsanforderungen des Kunden	ja
	Berücksichtigung der Projektnebenkosten	
12	Claimmanagement	ja
	finanzielle Engpässe auf Kundenseite	
13	Einbindung Vertragsmanager	ja
	Kundeninteresse bei Ausführung	
14	Projektleitervereinbarung/Eskalationsstufen	
o.W.	Einbindung Projekteinkauf	ja

Tabelle 4: Rangfolge der Einflussfaktoren auf die Project Slippage[100]

---

[100] Eigene Darstellung

7 Handlungsempfehlungen und Potenziale

Das abschließende Kapitel dieser Untersuchung formuliert Optimierungsansätze für das strategische Management, welches steuernd in das operative Geschäft eingreifen und somit den Projektmanagement Prozess verbessern und Defizite bei den Mitarbeitern ausgleichen kann. Die Optimierungsansätze im Kapitel 7.1 werden anhand der Ergebnisse im Kapitel sechs, sowie der vorherigen Kapitel drei, vier und fünf aufgestellt. Das vorhandene Optimierungspotenzial verspricht eine Reduzierung der Projektkosten und der Projektrisiken. Zur besseren Übersichtlichkeit und klaren Abgrenzung der Optimierungsansätze werden die einzelnen Ansätze absatzweise getrennt.

Im Kapitel 7.2 wird ein Überblick zu aktuellen Trends aus dem Projektmanagement gegeben, welche als weitere Denkanstöße gesehen werden können und die Abläufe in einem Unternehmen mit einem professionell durchgeführten Projektmanagement weiter optimieren.

7.1 Konsequenzen der Untersuchung

Der erste Optimierungsansatz befasst sich mit der klaren Definition des Liefer- und Leistungsumfangs. Bei komplexen Projekten ist es in der Regel schwierig und aufwendig, eindeutige Liefergrenzen zu ziehen und die eigene Leistung abzugrenzen. Damit der Liefer- und Leistungsumfang klar wird, sind die Leistungsbeschreibungen so genau wie möglich anzufertigen. Der Projektverantwortliche sollte nicht darauf warten bis er eine Leistungsabgrenzung von seinem Auftraggeber oder einem weiteren beteiligten ausführenden Unternehmen erhält. Viel mehr hat er anhand des geschlossenen Vertrags und dem Verhandlungsprotokoll die Grenzen zu ziehen. Ist ein Leistungsverzeichnis oder eine Ausschreibung für das Bauvorhaben vorhanden und Vertragsbestandteil, so ist dieses bei der Abgrenzung mit einzubeziehen. Anschließend ist der Bauherr über die Leistungsabgrenzung zu informieren, um gemeinsam die offenen Punkte zu klären und gegebenenfalls zusätzliche Leistungen als Change Order geltend zu machen. Auch die exakte Beschreibung und Spezifikation der zu liefernden Komponenten und Materialien ist zwingend erforderlich. Da diese Beschreibung in der Angebotsphase aufgestellt wird, ist es ratsam, den späteren Projektverantwortlichen mit einzubinden und das Umsetzungskonzept durch seine Expertise prüfen zu lassen. Damit wird die technische Machbarkeit gesichert und benötigte Komponenten festgestellt. Sollten nach dem Projektstart weitere Unklarheiten auftreten die bei der anfänglichen Leistungsabgrenzung nicht offensichtlich waren, so ist sofort der Austausch mit dem Kunden zu suchen. Der Vorschlag zur Optimierung des Prozesses und zur Sicherstellung der Definition des Liefer- und Leistungsumfangs wäre die Einbindung des Projektleiters nach der Angebotserstellung und vor der Vertragsverhandlung. Als Begriff könnte Plausibilitätsprüfung oder englisch Plausibility Check als zusätzlicher Meilenstein MS35 im Projektmanagement Prozess eingeführt werden. Die Ergänzung des Meilensteins befindet sich in Abbildung 25 auf Seite 77.

Die Vorgaben des Qualitätsmanagements sind in den Unternehmen mit einem ausführenden Projektmanagement in der Regel dokumentiert, so auch bei den DAX-Konzernen. Vorgaben und Leitsätze des Qualitätsmanagements dienen dazu einen hohen Qualitätsstandard über sämtliche Projekte einzuhalten und versprechen weiterhin einen finanziellen Projekterfolg bei der konsequenten Durchführung. Da die Vorgaben bereits dokumentiert sind und an dieser Stelle in der Regel kein Handlungsbedarf besteht, sollte der Projekteröffnungsprozess nicht abgeschlossen werden, bevor der Projektleiter nachgewiesen hat, dass er die Vorgaben des Qualitätsmanagements, wenigstens zu Beginn, eingehalten hat. Dies kann beispielsweise mit einer Checkliste erfolgen oder einer entsprechenden Erweiterung des Projekteröffnungsprotokolls. Darüber hinaus ist es erforderlich, dass die Mitarbeiter in regelmäßigen Abständen über die Unternehmensziele und Leitlinien informiert werden, um so die Ansprüche des Unternehmens zu kennen. Um die Einhaltung der Qualitätsvorgaben zu prüfen, ist nach jedem Projekt ein Audit zwischen dem Projektverantwortlichen, seiner Führungskraft und dem Qualitätsmanager empfehlenswert. Wichtig ist dabei, dass dieses Audit nicht den Charme eines Kontrollausschusses oder einer Maßregelung mit dem Aufzeigen eigener Fehler hat. Vielmehr sollte dieses Audit ein Assesment sein, welches zum gemeinsamen Austausch der durchgeführten Qualitätsmaßnahmen einlädt.

Die Erfahrung eines Projektleiters wird nur durch den kontinuierlichen Einsatz in einer verantwortungsvollen Rolle im Projekt erweitert. Dennoch sollte nicht versäumt werden, Mitarbeiter mit Potenzial frühzeitig über den Karriereweg im Projektmanagement zu informieren und die Vorraussetzungen zu schaffen, um die Person gezielt zu einer Zertifizierung zu führen. Die Auswertung hat gezeigt, dass zahlreiche C-Projekte von einem nicht zertifizierten Project Manager durchgeführt wurden. Auch hier sind die Vorgaben des Qualitätsmanagements zu beachten und langfristig Know-How durch Schulung und Ausbildung aufzubauen. Selbstverständlich sind die Ausbildung und der sich anschließende Zertifizierungsprozess mit Kosten für das Unternehmen verbunden, welche durch berechtigte Gehaltsforderungen der dann zertifizierten Mitarbeiter weiter steigen. Deshalb muss vom Top-Management eine Vorgabe gemacht werden, wie viel Großprojekte im Geschäftsjahr abgewickelt werden sollen. Ist es absehbar, dass zusätzliche Großprojekte beauftragt werden, so ist rechtzeitig eine ausreichende Kapazität aufzubauen. Das Risiko wird jedoch auch an anderer Stelle gesehen. Da der Bewertungsprozess eines Projekts in den Händen des ausführenden Unternehmens liegt und dieses damit selbst die Projektkategorie festlegt, ist es ein leichtes diesen Bewertungsprozess so durchzuführen, dass eine für das Unternehmen passende Einstufung daraus resultiert. Der Vorschlag wäre an dieser Stelle, dass die Einstufung eines Projekts von einem Kollegen aus einen anderen Unternehmensbereich gegen geprüft wird. Dies ist bei Umsetzung des beschriebenen Bewertungsprozesses dann auch die Aufgabe eines Qualitätsmanagers. Dennoch kommen die Divisionsleiter mit den Vorgaben aus dem Top-Management nicht um eine detaillierte Personalplanung mit der Festschreibung des Bedarfs an Expertise herum.

Die Prüfung der Vertragsbedingungen ist für nicht Juristen häufig eine schwere Hürde. Personen aus dem Bereich des Projektmanagements haben in der Regel einen naturwissenschaftlichen oder betriebswirtschaftlichen Hintergrund und können in vielen Fällen nur grundlegende rechtswissenschaftliche Fähigkeiten nachweisen.[101] Damit die Vertragsbedingungen für den Projektverantwortlichen einfacher zu prüfen sind, kann eine Checkliste von einem Vertragsmanager entwickelt werden, der die am häufigsten auftretenden Paragraphen und Inhalte dokumentiert. Die Projektbeteiligten können so gezielt nach den Eckdaten suchen und haben diese nach Übertragung in die Liste stets griffbereit. Empfehlenswert wäre eine kontinuierliche Einbindung eines Vertragsmanagers in den Projektmanagement Prozess nach oder während der Vertragsverhandlung. In Abbildung 25 ist ein Meilenstein als MS45 generiert, der unter dem englischen Begriff Contract Clarification (Vertragsklärung) fungieren kann. Der Vorteil wäre dabei, dass zum einen ungünstig ausgelegte Paragraphen frühzeitig erkannt und schließlich entsprechend positiv für das Unternehmen ausgelegt werden. Jedenfalls hat das Unternehmen eine Verhandlungsgrundlage und kann bei der Anhäufung ungünstiger Auslegungen der Vertragsbedingungen reagieren.

---

[101] Steeger (2012), S.3-12.

Weiterhin ist das Wissen über die Eckdaten dann vorhanden und kann von einem juristischen Fachmann an das Projektteam weitergegeben werden. Aus Sicht des Autors ist auch die Gewissheit für das Projektteam hilfreich, dass ein Vertragsmanager vorab die Unterlagen geprüft hat und im Projektablauf für Rückfragen zur Verfügung steht. Für das Unternehmen ist die Situation an sich auch vorteilhaft, da durch den Einsatz eines Vertragsmanagers sichergestellt wird, das ungünstig ausgelegte Vertragspassagen bekannt sind und bei weiteren anstehenden Verhandlungen diskutiert werden können. In der Branche, in der sich das untersuchte Unternehmen bewegt, werden Verträge in der Regel nach der VOB geschlossen. Zu beobachten ist, dass viele Paragraphen und Absätze durch ein Verhandlungsprotokoll ausgeschlossen werden. Hier ist besonders darauf zu achten, allerdings sind solche Fallen von einer nicht geschulten Person im Vertragsmanagement nur schwer zu identifizieren.

Verzögerungen im Projektablauf lassen sich mit einer detaillierten Projektplanung und einem akribischen Projektcontrolling frühzeitig erkennen, zu vermeiden sind diese jedoch nicht. Damit wenigstens ein finanzieller Ausgleich geltend gemacht werden kann, sollte rechtzeitig reagiert werden. Hier wäre es sinnvoll, typische Merkmale, welche beim Projektcontrolling häufig auftreten und schließlich eine Verzögerung im Ablauf zur Folge haben, in eine Risikomatrix zu übertragen, welche als Grundlage für ein professionelles Risikomanagement gesehen werden kann.

Die Analyse und Auswertung der Ergebnisse aus Kapitel drei, vier und fünf haben gezeigt, dass das Risikomanagement im Projektmanagement Prozess des untersuchten DAX-Konzerns eine untergeordnete Rolle spielt. Vorgegeben ist lediglich eine Erstellung der Chancen- und Risikoanalyse zum Projektstart, welche während des Verlaufs des Projekts aktualisiert werden soll. Es gibt jedoch keine einheitlichen Angaben, wie und auf welcher Basis diese Chancen- und Risikoanalyse durchgeführt werden soll. Demnach besteht hier dringender Handlungsbedarf zur Installation eines professionellen Risikomanagement-systems im Projektmanagement. Im Kapitel 7.2 wird auf das Risikomanagement noch mal gesondert eingegangen, da dies eines der Trends im Projektmanagement ist. Die Entwicklung ist auch nachvollziehbar, da wie im Kapitel 2.1 erwähnt, ein Projekt mit der Struktur eines Unternehmens vergleichbar ist. Unternehmen besitzen für ihre Aufgaben ein Risikomanagement, demnach ist die Konsequenz, dass im Projektmanagement das Risiko-management stärker in den Fokus gerückt werden muss.

Überrascht hat bei der Auswertung der Befragung die Tatsache, dass eine klare Beschreibung der Qualitätsanforderungen des Kunden nach Meinung der Befragten zu einer Verschlechterung der Vertriebsspanne führt. Der Autor ist der Meinung, dass die Kundenanforderungen in den Fokus gerückt werden müssen, um spätere Enttäuschungen des Kunden, welche mit dem Einsatz zusätzlicher finanzieller Mittel behoben werden müssen, zu verhindern. Auch der Hinweis eines Projektverantwortlichen bei der Beantwortung des Fragebogens geht in die gleiche Richtung (siehe Abbildung 19). Aus diesem Grund sollte ein Projektstartgespräch mit den Projektbeteiligten und dem Kunden stets stattfinden. Abbildung 25 ist daher um einen Hinweis zum Projektstart erweitert worden, der den Kunden oder seinen stellvertretenden Projektsteuerer in die Überlegungen integriert.

Ein professionelles Claimmanagement ist aufwendig und kostet wertvolle Zeit. Sofern keine Person als Claimmanager im Projekt aktiv ist, kann eine Checkliste mit häufig wiederkehrenden Claims in der jeweiligen Branche eine Vereinfachung und damit den Einstieg in ein professionelles Claimmanagement bringen. Wichtig ist auch, dass das Claimmanagement als fester Bestandteil des Projektmanagement Prozesses gesehen wird und frühzeitig, also bereits bei der Plausibilitätsprüfung zu initiieren und nach der Vertragsverhandlung umgesetzt wird. Der Projektmanagement Prozess in Abbildung 25 auf Seite 77 wurde dahingehend entsprechend erweitert.

Der Projekteinkauf sorgt unumstritten für eine Verbesserung der Vertriebsspanne. Da der Einkauf, wie bei der Post-mortem-Projektanalyse festgestellt, regelmäßig eingebunden wird, gilt es besonders die Vorurteile beider Seiten zu bereinigen. Was sich mit unter als sehr schwierig darstellen wird, da nach wie vor in allen Unternehmensbereichen das Vorurteil gilt, dass der Einkauf lediglich auf seine Einkaufserfolge achtet und teurere Anbieter mit einer vermeintlich besseren Qualität kategorisch ausschließt. Eine frühe Einbindung, bestenfalls bereits in der Angebotsphase, stellt zum einen die technische Notwendigkeit für das Buying Center dar und lässt die Kostenunterschiede verschiedener technischer Varianten transparent für den Projektverantwortlichen erscheinen. Die folgende Abbildung 25 auf Seite 77 wurde um einen Hinweis diesbezüglich erweitert.

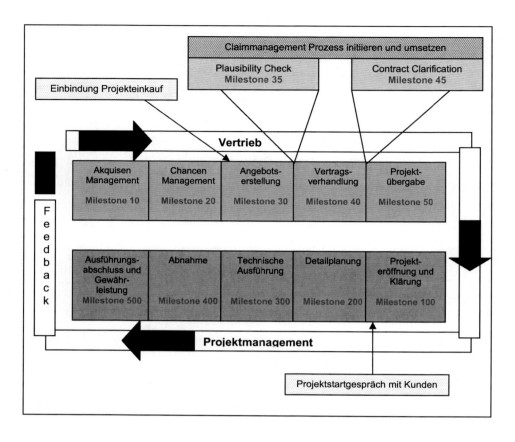

Abbildung 25: Optimierter Projektmanagement Prozess[102]

7.2 Trends im Projektmanagement

Die Deutsche Gesellschaft für Projektmanagement e.V. (GPM) hat eine Studie in Auftrag gegeben, welche die Trends des Projektmanagements aufzeigt. Der Fachbereich Projektmanagement der Universität Kassel hat diesen Auftrag angenommen und 2009 abgeschlossen. Als einer der wesentlichen Aspekte hat sich die Implementierung eines Risikomanagements im Projektmanagement herausgestellt. Wie bei der Untersuchung der Einflussfaktoren auf Basis der internationalen Fachliteratur und der Post-mortem-Projektanalyse ist die Aufmerksamkeit in Richtung eines professionellen Risikomanagements gering. Wie im Kapitel 2.1 erwähnt, sind Projekte stets mit Risiken verbunden. Demnach liegt es nahe, ein entsprechendes Augenmerk auf die Risiken im Projekt zu legen.

---

[102] Eigene Darstellung

Die Versäumnisse der Unternehmen wiegen schwer, werden aber in der Praxis durch ein streng geführtes Projektcontrolling auf Basis einer detaillierten Planung abgeschwächt.[103]

Auf dem Markt herrscht großes Wissen über die theoretischen Ansätze und Praktiken des Risikomanagements, allerdings befassen sich nur wenige Autoren mit tatsächlichen Handlungsempfehlungen für die Praxis. Weiterhin ist zu erkennen, dass sich die vorhandenen Ansätze mehr mit der Risikovermeidung während der Projektphase beschäftigen, als auf das Risikomanagement im Vorfeld einzugehen.[104] Dies wird auch damit zusammenhängen, dass in vielen Unternehmen im Vorfeld so genannte „Bedenkenträger" als kritisch gesehen werden. Ist das Unternehmen mit seinem Vertrieb euphorisch und möchte unbedingt diesen einen Projektauftrag erhalten, so will niemand etwas von möglichen Risiken wissen. Aber genau das ist der falsche Ansatz, denn so schön auch ein erfolgreicher Vertragsabschluss und damit eine Gewinnung eines Auftrags gegenüber Wettbewerbern ist, so emotionslos hat die Betrachtung der Rahmenbedingungen zu erfolgen.[105] Die Akzeptanz von realistischen Risikoeinschätzungen muss bereits zu Beginn des Projekts vorhanden sein, um eine vernünftige Basis zur Abwicklung zu schaffen.

Als Handlungsempfehlung für das untersuchte Unternehmen wäre der Vorschlag vom Autor, dass ein geeignetes Risikomanagementsystem, welches als Software in einer Vielzahl auf dem Markt vorhanden ist, bereits in den Angebotsprozess integriert wird. Anzumerken ist allerdings noch, dass nach eigener Recherche nur wenige branchenspezifische Lösungen vorhanden sind. Aus diesem Grund gestaltet sich wohl auch die Integration eines solchen Prozesses als schwierig, da trotz zahlreicher Vorlagen weiteres Geld und viel Zeit zur optimalen Ausnutzung der vorhandenen Möglichkeiten investiert werden muss. Demnach wäre es auch zu überlegen, ob die Einbindung in den beschriebenen Projektkategorisierungsprozess sinnvoll ist, denn bereits dort wird sich mit den Eckdaten zur Einstufung des Projekts befasst. Die erfassten Daten sind schließlich dem Projektteam zur Verfügung zu stellen und in gleicher Weise weiter zu führen. Als Unterstützung kann hier auch ein Risikomanager fungieren, der bei Großprojekten als Teammitglied gesehen wird und Risiken identifiziert. Bei einer möglichen Umsetzung dieses Ansatzes darf jedoch der Projektverantwortliche nicht aus der Pflicht genommen werden, schließlich hat er dafür Sorge zu tragen, dass die Risiken richtig interpretiert werden und schließlich Handlungsempfehlungen an sein Projektteam ausspricht bzw. selbst

---

[103] Vgl. Fiedler (2005), S.48 ff.
[104] Vgl. Spang (2009), [Stand 15.12.2012].
[105] Vgl. Fiedler (2005), S.51

Handlungsschritte einleitet. Der Projektmanagement Prozess des untersuchten Konzerns sieht als Säule das Chancen Management, im Gegensatz dazu fehlt offensichtlich das Risikomanagement. Aus Sicht des Autors muss dieses genau an der gleichen Stelle mit integriert werden.

Zur Vollständigkeit sollen an dieser Stelle noch die Bausteine des Risiko-managements dargestellt werden. In Zukunft werden die Projektverantwortlichen und Führungskräfte dazu eingeladen, aktiv eine Risikokultur zu leben. Ein Risikomanagement darf schließlich nicht zur Folge haben, dass ein regelrechtes Übermaß an Kontrollen in den Gesamtprozess integriert wird. Das richtige Mittel ist wohl herauszuarbeiten, da auch zu wenige Kontrollen schädlich für das Projekt sind. Dies spiegelt sich auch bei der Wahl der richtigen Projektleiter wider. Schließlich sind Projektleiter, welche sämtliche Risiken ignorieren genauso wenig tragbar wie Projektleiter die in jeder Angelegenheit ein Risiko sehen und damit den Blick für die damit verbundenen potentiellen Chancen verlieren.[106]

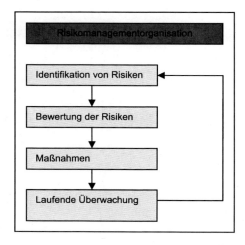

Abbildung 26: Risikomanagementorganisation[107]

Da es nachvollziehbar ist, dass in jeder Branche mit ähnlichen Vorhaben aber mit unterschiedlichen Rahmenbedingungen auch vergleichbare Risiken auftreten, wird die Wichtigkeit eines Projektabschlussgesprächs zur Festigung der Erfahrungen und eine Revision bzw. ein Audit durch ein Qualitätsmanager deutlich unterstrichen.

Eine mögliche Checkliste zur verbindlichen Nutzung vor dem Projektstart kann demnach in vier Teilbereiche untergliedert werden. Dies wären dann als erstes

---

[106] Vgl. KPMG (1998), S.9.
[107] In Anlehnung an Fiedler (2005), S.48 ff.

die allgemeinen Risiken bei der Projektabwicklung wie wirtschaftliche Risiken, Terminrisiken, Technische Risiken und personelle Risiken. Der zweite Block befasst sich mit den Risiken in den einzelnen Projektphasen wie Planungsrisiken, Konzeptionsrisiken, Realisierungsrisiken, Betreuungs- und Wartungsrisiken. Schließlich gäbe es noch die Risiken im Bereich der Projektunterstützung wie beispielsweise das Management und die Risiken im Projektumfeld. Konkret wären dies die Risiken im Bereich der Stakeholder, der Unternehmenskultur, der strategischen Vorgaben, der vertraglichen Risiken, der soziokulturellen Risiken und politischen Risiken angesiedelt.[108] Alle genannten Punkte finden sich auch in dieser Studie, nur häufig an anderer Stelle. Demnach wäre die Umsetzung eines ersten Risikomanagementansatzes relativ einfach zu realisieren.

Zum Abschluss des Risikomanagementaspekts muss noch erwähnt werden, dass Compliance Richtlinien bei der Bewertung von Risiken und der anschließenden Umsetzung der Maßnahmen stets mit berücksichtig werden müssen.[109]

Weitere Trends im Projektmanagement befassen sich unter anderem mit den Themen des Stakeholdermanagements, dem Störungs- und Krisenmanagement, der Mitarbeitermotivation, dem Teammanagement und dem Konfliktmanagement.[110] Auch zu diesen Themen wurden in diesem Buch bereits Punkte genannt, die bereits berücksichtigt wurden oder in Zukunft berücksichtigt werden sollen. Bei der Betrachtung der Aufzählung fällt auf, dass es sich bei diesen Trends vermehrt um sogenannte Soft Skills handelt, die nicht mit software-basierten Programmen und standardisierten Methoden bewältigt werden können. Die vorhandenen Systeme dienen dazu, die auf der persönlichen Ebene erfahrenen Informationen zu ordnen und weiter zu geben. Vor allem das Teammanagement wird in Zukunft die Herausforderung sein, da bereits heute zahlreiche Projektteams weltweit agieren und lediglich über das Internet oder per Telefon mit einander kommunizieren können. Interessant wird dabei die Ausarbeitung von Konzepten, welche Führungsaufgaben und Anweisungen global und nicht von Person zu Person umsetzen. Für das zukünftige Projekt-management ist es wichtig, die nötigen Prozesse zu leben und die Aufgaben so zu verschlanken, dass der Projektverantwortliche und die Teammitglieder reaktionsfähig bleiben und damit eine ausgeprägte Wandlungsfähigkeit besitzen.

---

[108] Vgl. Fiedler (2005), S.48 ff.
[109] Vgl. Der Betrieb (2010), S.1245-1252.
[110] Vgl. Spang (2009), [Stand 15.12.2012].

Literaturverzeichnis

Bohinc, T.: Projektmanagement: Soft Skills für Projektleiter, 4. Auflage, Gabal, Offenbach 2006

Bohinc, T.: Grundlagen des Projektmanagements, 3. Auflage, Gabal, Offenbach 2010

Daenzer, W.: Systems engineering: Leitfaden zur methodischen Durchführung umfangreicher Planungsvorhaben, 3. Auflage, Industrielle Organisation, Zürich 1982

DIN Deutsches Institut für Normung e.V.: DIN 69900: Projektmanagement – Netzplantechnik; Beschreibungen und Begriffe, Norm, Berlin 2009

Dörner, D./Horváth, P./Kagermann, H.: Praxis des Risikomanagements, Schäffer-Poeschel, Stuttgart 2000

Fiedler, R.: Controlling von Projekten. Projektplanung, Projektsteuerung, Projektkontrolle, 3. Auflage, Vieweg+Teubner , Wiesbaden 2005

Grösser, S.: Projekte scheitern wegen dynamischer Komplexität, in: Projektmanagement aktuell, 12. Jg., Heft 5, 2011, S.20

Hemmrich, A./Harrant, H.: Projektmanagement – In 7 Schritten zum Erfolg, 3. Auflage, Hanser, München 2011

Herbolzheimer, C.: Warum große IT-Projekte häufig scheitern. Erfolgsfaktoren zur Risikobeherrschung, in: Projektmanagement aktuell, 11. Jg., Heft 2, 2010, S.15-23

Hölzle, P.: Projektmanagement – Kompetent führen, Erfolge präsentieren, 2. Auflage, Haufe, München 2007

Jacob, R. u.a.: Umfrage – Einführung in die Methoden der Umfrageforschung, 2. erweiterte und korrigierte Auflage, Oldenbourg, München 2011

Katzenbach, J./Smith, D.: The wisdom of teams: Creating the High-Performance Organization, Harper Business, Boston 2003

Köhler, J./Oswald, A.: Die collective Mind Methode: Projekterfolg durch Soft Skills, Springer, Berlin 2010

KPMG: Integriertes Risikomanagement, Berlin 1998

Litke, H.: Projektmanagement: Methoden, Techniken, Verhaltensweisen, 5. erweiterte Auflage, Hanser, München 2007

Mandel, E.: Einführung in den Marxismus, 4. Auflage, Neuer ISP Verlag, Frankfurt 1988

Martino, R.: Project Management and Control: Applied operational planning, American Management Association, Michigan 1964

Meindl, P./Chopra, S.: Supply Chain Management – strategy, planning and operation, 5. Auflage, Pearson, Boston 2013

Mieth, P.: Weiterbildung des Personals als Erfolgsfaktor der strategischen Unternehmensplanung in Bauunternehmen – Ein praxisnahes Konzept zur Qualifizierung von Unternehmensbauleitern, Kassel University Press, Kassel 2007

o.V.: Aktuelle Herausforderungen im Risikomanagement – Innovationen und Leitlinien, in: Der Betrieb, Heft 23, 2010, S.1245-1252

o.V.: VOB – Vergabe- und Vertragsordnung von Bauleistungen, HOAI – Honorarordnung für Architekten und Ingenieure, 28. Auflage, Dtv, München 2010

Pannenbäcker, K.: IPMA-Zertifizierung von Projektpersonal, in: Projektmanagement aktuell, 12. Jg., Heft 4, 2011, S.35-38

Patzak, G./Rattay, G.: Projektmanagement: Leitfaden zum Management von Projekten, Projektportfolios und projektorientierten Unternehmen, 5. Auflage, Linde, Wien 2008

Patzak, G.: Messung der Komplexität von Projekten, in: Projektmanagement aktuell, 10. Jg., Heft 5, 2009, S.43

Raab-Steiner, E./Benesch, M.: Der Fragebogen – Von der Forschungsidee zur SPSS Auswertung, 3. aktualisierte und überarbeitete Auflage, Facultas, Wien 2012

Rinza, P.: Projektmanagement: Planung, Überwachung und Steuerung von technischen und nichttechnischen Vorhaben, 4. neu bearbeitete Auflage, Springer, Berlin 1998

Ruch, W./Zimbardo, P.: Lehrbuch der Psychologie – Eine Einführung für Studenten der Psychologie, Medizin und Pädagogik, Springer, Berlin 1974

Schreckeneder, B.: Projektcontrolling , 3. Auflage, Haufe, Freiburg 2010

Schwarzbartl, M./Pyrcek, A.: Compliance Management, 1. Auflage, Linde, Wien 2012

Spang, K. (2009): GPM Studie 2008/2009 zum Stand und Trend des Projekt-managements, elektronisch veröffentlicht: URL: http://www.gpm-ipma.de/fileadmin/user_upload/Know-How/00-Gesamt-Studie-GPM-Juli_2009.pdf Stand [15.12.2012]

Steeger, O.: Das Projektbudget mit kaufmännischen Tugenden führen, in: Projektmanagement aktuell, 13. Jg., Heft 1, 2012, S.3-12

Stein, F.: Projektmanagement für die Produktentwicklung: Strategien – Erfolgs-faktoren – Organisationen, 3. neu bearbeitete und erweiterte Auflage, Expert, Renningen 2009

Steinle, C./Barnert, M./Steinbeck, J.: Kontraproduktives Verhalten in Projekten, in: Projektmanagement aktuell, 11. Jg., Heft 5, S.20-27

Sterrer, C./Winkler, G.: Setting Milestones: Projektmanagement Methoden – Prozesse – Hilfsmittel, 2. Auflage, Goldegg, Berlin 2010

Strack, F.: Inhibiting and facilitating conditions of the human smile: A non-obtrusive test of the facial feedback hypothesis, in: Journal of Personality and Social Psychology, 54. Jg., Heft 5, 1988, S.768-777

Vanini, U.: Risikomanagement: Grundlagen, Instrumente, Unternehmenspraxis, Schäffer-Poeschel, Stuttgart 2012

Watzlawick, P./Beavin, J./Jackson, D.: Menschliche Kommunikation – Formen, Störungen, Paradoxien, 11. unveränderte Auflage, Huber, Bern 2007

Whittaker, B.: What Went Wrong? Unsuccesful Information Technology Projects, in: Information Management and Computer Security, Heft 1, 1999, S.23-29

Wienold, H.: Interviewereffekt, in: LzS, 1995, S.317

Wildemann, H.: Asset Management und Working Capital Controlling – Leitfaden zur Wertsteigerung von Unternehmen, 13. Auflage, TCW, München 2012

Wöhe, G./Döring, U.: Einführung in die Allgemeine Betriebswirtschaftslehre, 24. Auflage, Vahlen, München 2010

Yeo, K.: Critical Failure Factors in Information System Projects, in: International Journal of Project Management, Heft 3, 2002, S.241-244

Anhang

Im Verlauf dieser Untersuchung wurden oftmals Verweise zum Anhang gegeben. Auf den folgenden Seiten ist im Anhang A ein Scoring Schema zur Bewertung der Komplexität von Projekten angegeben (Abbildung 27). Im Anhang B ist der verteilte Fragebogen und im Anhang C sind die ausgewerteten Diagramme des Fragebogens beigefügt.

Anhang A

Schritt	Aspektsystem	Zu bewertende Kriterien	1	2	3	4	5	Summe
		Scoring-Schema zur Bewertung der Komplexität von Projekten						
1	Zielsystem: **PROJEKTZIEL** (Was soll erreicht werden?)	**Anzahl und Unterschiedlichkeit** der Einzelziele unter Berücksichtigung der Ziele und Erwartungen der relevanten Stakeholder, unterschiedliche Zielkategorien: Prozessziele, Nutzungsziele (Business Case), Operationalisierbarkeit	sehr wenige Ziele, quantitativ angegeben	wenige Ziele, gut formuliert, ohne Priorität	mehrere Ziele unterschiedlicher Art	viele Ziele, Prozessziele, Nutzungsziele	sehr viele, schwer erfassbare Ziele aller Art	
		Anzahl und Unterschiedlichkeit der Wechselwirkungen zwischen den Zielen der Zielhierarchie (Zielbeziehungen), Prioritätensetzung/relative Gewichtung, Zielkonkurrenz und Optimierungskriterien, Antinomie, K.-o.-Kriterien	keine Zielbeziehungen zu berücksichtigen	vereinzelt Zielkonkurrenz vorliegend	unterschiedliche Zielbeziehungen	vielfältige z. T. unklare Zielabhängigkeiten	starke, unklare Wechselbeziehungen	
		Zieländerungen betreffend Inhalt, Gewichtung, Präferenz und deren Unsicherheiten (Eintrittswahrscheinlichkeiten)	keine	vereinzelt möglich	Änderungspotenzial groß	hohe Wahrscheinlichkeit	laufend und sehr unklar	
2	Objektsystem: **PROJEKTGEGEN-STAND** (Was ist der Leistungsinhalt?)	**Anzahl und Unterschiedlichkeit** der Komponenten, d. h. Subsysteme, Module, Baugruppen, Bauteile, Elemente, hinsichtlich Dimensionen, Technologien, Spezifikationen, Testvorschriften, Abnahmebedingungen, Neuheitsgrad	sehr wenige Komponenten	wenige Komponenten	viele Komponenten unterschiedlicher Art	sehr viele Komponenten und Teilpläne, Technologien	unüberschaubar viele Baupläne, Planhierarchie	
		Anzahl und Unterschiedlichkeit der zu berücksichtigenden funktionalen und technologischen Beziehungen zwischen den Komponenten (Flüsse von Energie, Materie, Info), auf die Prozess sich auswirkende Ordnungsbeziehungen	einfachster Aufbau	klarer Aufbau, wenige relevante Abhängigkeiten	viele wesentliche Abhängigkeiten	stark vernetzte Abhängigkeiten zwischen den Bauteilen	mannigfaltige sehr kritische Beziehungen technolog. Art	
		Änderungen der Konfiguration, Technologie, Spezifikationen, Qualität, Funktionalität, Lieferanten, Wahrscheinlichkeit	keine Änderungen zu erwarten	wenig Änderungen	Objektstruktur nicht fix	Creeping Scope	unabsehbare Änderungen	
3	Handlungssystem: **PROJEKTAUFGABE** (Was ist zu tun?)	**Anzahl und Unterschiedlichkeit** der Phasen, erforderlichen Arbeitspakete, Vorgänge, Operationen; Hierarchieebenen im PSP, Meilensteine, erforderliche Fachdisziplinen, Know-how, Neuheitsgrad, Einsatzmöglichkeiten von Standards	sehr wenige (< 30)	wenige (100) nur wenige Fachdisziplinen	viele neuartige (300) unterschiedliche Disziplinen	sehr viele (1.000) Machbarkeit noch unklar	unüberschaubar viele (3.000), neuartig, alle Disziplinen	
		Anzahl und Unterschiedlichkeit der Abhängigkeiten zwischen den Vorgängen (Vernetzungsgrad, Arten von AOB, pos./neg., MIN/MAX), Begleitvorgänge, Planhierarchien, intermediäre Schnittstellen/Interfaces, Programm-Interfaces	linear, nur Normalfolgen	vereinzelt Überlappungen	stark vernetzt, alle AOBs aufscheinend	sehr stark vernetzt, Schnittstellen	viele Subnetze mit intermediären Abhängigkeiten	
		Änderungen der Arbeitspakete wegen Abänderung bei Scope, Technologie, Erfahrungsmangel, Risikobegegnung	fix	Änderungen möglich	viele Änderungen	starke Änderungsneigung	alles kann geändert werden	
4	Handlungsträgersystem: **PROJEKT-AUSFÜHRENDE** (Wer tut etwas?)	**Anzahl und Unterschiedlichkeit** der im Projekt unmittelbar Mitwirkenden/Interessengruppen (Auftraggeber, Lenkungskreis, Mitarbeiter, Subs); Qualifikationen, Verfügbarkeit, Diversität, Kulturen, örtl. Verteilung, Motivationslage	sehr wenige, untereinander bekannte MA, wenige Mittel	wenige Organisationseinheiten einer Firma involviert	viele MA unterschiedl. Disziplin, viele Abteilungen	unterschiedl. Qualifikationen aus vielen Firmen/Externe	großes, stark inhomogenes, verteiltes Team, Crosscultural	
		Anzahl und Unterschiedlichkeit der Wechselwirkungen (Unterstellungen, Berichtswege, formelle und informelle Kommunikationsbeziehungen, Arten des Zusammenwirkens, Vertretungsregelungen, Arbeitsverträge)	klare Aufgabenverteilung	klare Zuständigkeiten	vermaschte Berichtswege	starke Wechselbeziehungen über Firmengrenzen/Ort	unüberschaubar vernetzte Interaktionen, jeder mit jedem	
		Personelle Änderungen bei den Mitwirkenden, Fluktuation, Eintrittswahrscheinlichkeiten und sich ergebende Risiken	Personen sind fix	geregelte Organisation	hohe Fluktuation	Änderungen überall möglich	nicht vorhersehbare Dynamik	
5	Umsystem: **PROJEKTUMFELD** (Welche Einflüsse von außen?)	**Anzahl und Unterschiedlichkeit** der relevanten Einflussgrößen aus der Umwelt (sachliche und soziale Umfeldfaktoren, Erwartungen der mittelbar einwirkenden Stakeholder), gesetzliche Randbedingungen, zu beachtende Beschränkungen	das Projekt ist als isoliert zu betrachten	leicht kontrollierbare Einflüsse ähnlicher Art, Risiken klar abgrenzbar	starke Einflüsse aus mehreren Umfeldausschnitten mit einzelnen hohen Risiken	viele schwer zu berücksichtigende, starke Einflüsse mit hohen Risiken	unklares, chaotisches Umfeld, unbekannt viele Einflüsse mit völlig unbestimmten Risiken	
		Anzahl und Unterschiedlichkeit der Art der Einflussbeziehung (Einstellungen, Erwartungen/Befürchtungen, Macht, Auswirkungsschwere, Erkennungsmöglichkeit), Konsequenzen bei Nichtbeachtung, Pönalfunktionen						
		Änderungspotenzial der Einflüsse, Unsicherheiten (Eintrittswahrscheinlichkeiten der Varianten), Risikohöhe						
Total	**GESAMTSYSTEM**	**KOMPLEXITÄT DES PROJEKTS**	einfach	wenig komplex	ziemlich komplex	hoch komplex	extrem komplex	0

Abbildung 27: Scoring Tabelle[111]

[111] Quelle: Patzak (2009), S.43.

Anhang B

Sehr geehrte Damen und Herren,

mein Name ist Marco Verardi, ich bin 28 Jahre alt und als Project Manager tätig. Im Rahmen einer Studie führe ich eine Befragung zu den Faktoren, welche die Vertriebsspanne im Projektmanagement beeinflussen, durch. Dabei geht es vor allem darum, die einzelnen internen und externen Faktoren nach Härtegraden einzuordnen und eine Einschätzung zu erhalten, ob diese Faktoren eine Verbesserung oder Verschlechterung der Vertriebsspanne hervorrufen. Ziel der Untersuchung ist es, Erfolgspotentiale zu erkennen und zu stärken, sowie Optimierungsansätze für die praktische Anwendung zu geben.

Ich bin aufgrund Ihrer Expertise im Rahmen des Projektmanagements sehr an Ihrer Meinung interessiert und bitte Sie, den ausgefüllten Fragebogen per Hauspost an mich bis zum 26.11.2012 zurücksenden.

Das Ausfüllen des Fragebogens wird etwa 10-15 Minuten in Anspruch nehmen. Ihre Angaben werden anonym behandelt. Bitte nutzen Sie zur Rücksendung einen neuen Umschlag, aus dem Ihre Absenderadresse nicht hervorgeht. Die Forschungsarbeit unterliegt den Regelungen der Datenschutzgesetzgebung. Es ist absolut sichergestellt, dass Ihre Angaben nicht mit Ihrer Person in Verbindung gebracht werden.

Für Ihre Mitarbeit und Unterstützung an meiner Studie bedanke ich mich ganz herzlich.

Mit freundlichen Grüßen

MBA Eng. Marco Verardi

Ich bin ein/eine...

☐ Projektbearbeiter/in (PB) / Projektleiter/in (PL) / Project Manager/in (PM)

☐ Projektkaufmann/-frau (KVS) / (EKVS)

☐ Technische Führungskraft mit disziplinarischer Personalverantwortung

☐ Kaufmännische Führungskraft mit disziplinarischer Personalverantwortung

Alter   **Berufserfahrung nach Abschluss Ausbildung/Studium**

☐ 18 – 25 Jahre   ☐ 0 – 3 Jahre

☐ 26 – 35 Jahre   ☐ 4 – 8 Jahre

☐ 36 – 45 Jahre   ☐ 9 – 15 Jahre

☐ 46 Jahre und älter   ☐ mehr als 15 Jahre

Welche Faktoren beeinflussen aus Ihrer Sicht die Vertriebsspanne (VSP) während der Ausführungsphase des Projekts?

1 = deutliche Verschlechterung der VSP;
3 = Verschlechterung der VSP;
5 = hat keinen Einfluss auf die VSP;
7 = Verbesserung der VSP;
10 = deutliche Verbesserung der VSP

Was bewirkt eine umfangreiche Projektplanung zu Beginn der Ausführungszeit?

Was bewirkt ein kontinuierlich durchgeführtes Projektcontrolling?

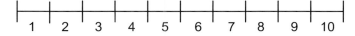

Wie wirkt sich ein aktiv geführtes Claimmanagement aus?

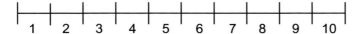

Wie wirkt sich eine Prüfung der Vertragsbedingungen zu Projektbeginn aus?

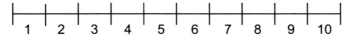

Wie wirkt sich die klare Definition des Liefer- und Leistungsumfangs aus?

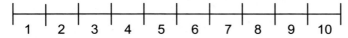

Wie wirken sich fremd verschuldete Verzögerungen im Projektablauf aus?

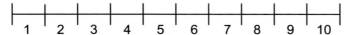

Welche Auswirkungen haben Personalengpässe?

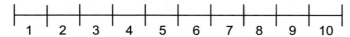

Wie wirkt sich langjährige Berufserfahrung der Teammitglieder aus?

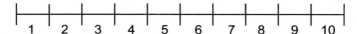

Wie wirkt sich langjährige Berufserfahrung des Projektleiters / der Projektleiterin aus?

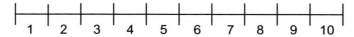

Was bewirkt ein fachlich optimal abgestimmtes Projektteam?

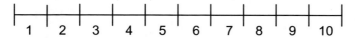

Was kann ein Contract Manager bewirken, wenn er bei der Vertragsprüfung zu Projektbeginn eingebunden wird?

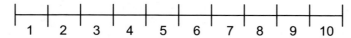

Wie wirkt sich langfristig eine einheitliche Dokumentationsstruktur aus?

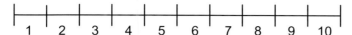

Wie wirken sich Vorgaben aus dem Qualitätsmanagement während der Projektbearbeitung aus?

Wie wirkt sich eine gestörte Kommunikation im Projektteam aus?

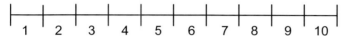

Wie wirken sich einzelne unproduktive Teammitglieder in Bezug auf die gesamte Projektbearbeitung aus?

Was bewirken Managemententscheidungen, die die Entscheidungen des Projektverantwortlichen in Frage stellen oder außer Kraft setzen?

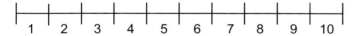

Was bewirken bei Projektbeginn festgelegte Eskalationsstufen und Handlungsspielräume (Projektleitervereinbarungen)?

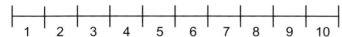

Wie wirkt sich allgemein der Einsatz einer Bauleitung aus?

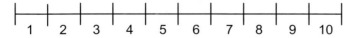

Was bewirkt die Einbindung des Projekteinkaufs?

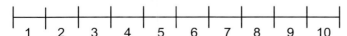

Wie wirken sich zu Projektbeginn klar definierte und bekannte Qualitäts-anforderungen des Kunden aus?

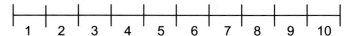

Wie wirken sich nicht kalkulierte Projektnebenkosten aus?

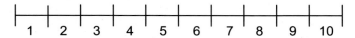

Wie wirkt sich ein starkes Kundeninteresse in Bezug auf die Ausführungsqualität aus?

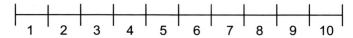

Wohin führen finanzielle Engpässe auf Seiten des Kunden?

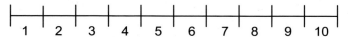

Im Folgenden haben Sie nun die Gelegenheit Faktoren zu nennen sowie einzustufen, welche Einfluss auf die Vertriebsspanne nehmen und im vorhergehenden Fragenblock nicht berücksichtigt wurden.

Einflussfaktor 1

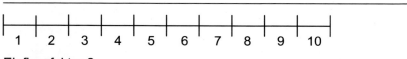

Einflussfaktor 2

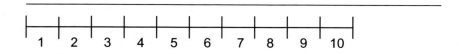

Vielen Dank für Ihre Unterstützung.

Die Ergebnisse dieser Befragung werden im Rahmen meiner Studie verwendet. Eine Veröffentlichung innerhalb des Konzerns wird gesondert erfolgen. Hierzu werden Sie zum gegebenen Zeitpunkt informiert.

Anhang C

Auf den Seiten 90 – 92 sind die ausgewerteten Diagramme der Berufsgruppe der Projektbearbeiter/-innen, Projektleiter/-innen und Project Manager angegeben.

Bewertungsschlüssel:

1 = deutliche Verschlechterung der Vertriebsspanne

3 = Verschlechterung der Vertriebsspanne

5 = hat keinen Einfluss auf die Vertriebsspanne

7 = Verbesserung der Vertriebsspanne

10 = deutliche Verbesserung der Vertriebsspanne

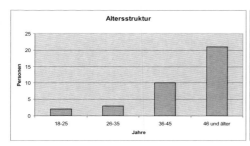
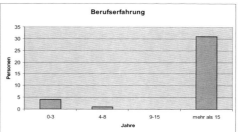

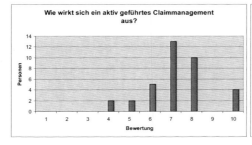

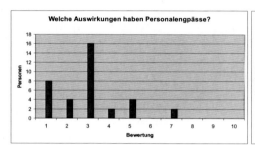

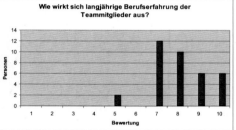

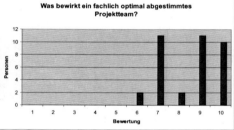

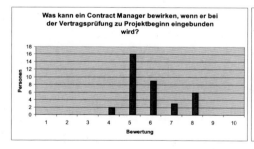

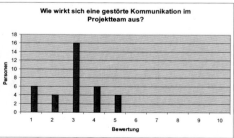

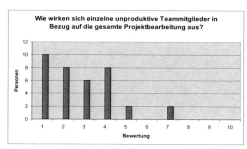

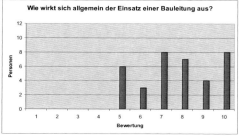

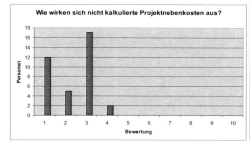

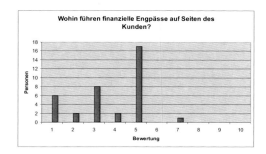

Auf den Seiten 93 – 95 sind die ausgewerteten Diagramme der Berufsgruppe der Projektkaufleute angegeben.

Bewertungsschlüssel:

1 = deutliche Verschlechterung der Vertriebsspanne

3 = Verschlechterung der Vertriebsspanne

5 = hat keinen Einfluss auf die Vertriebsspanne

7 = Verbesserung der Vertriebsspanne

10 = deutliche Verbesserung der Vertriebsspanne

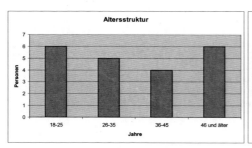

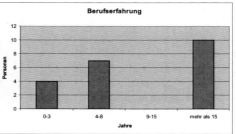

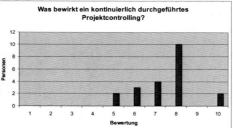

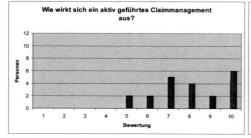

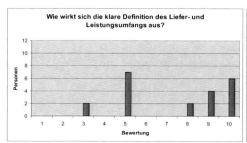

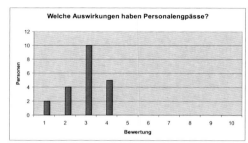

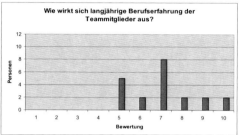

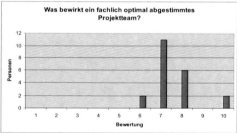

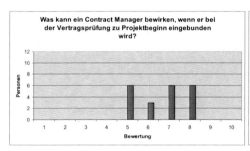

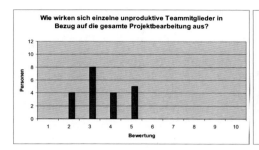

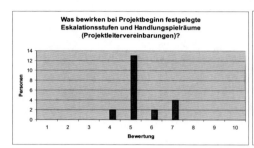

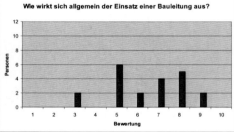

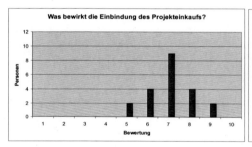

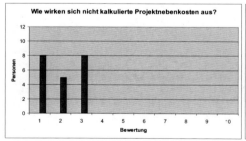

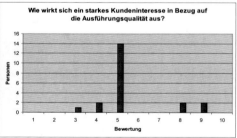

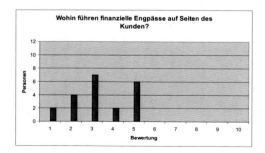

108

Auf den Seiten 96 – 98 sind die ausgewerteten Diagramme der Berufsgruppe der technischen Führungskräfte angegeben.

Bewertungsschlüssel:

1 = deutliche Verschlechterung der Vertriebsspanne

3 = Verschlechterung der Vertriebsspanne

5 = hat keinen Einfluss auf die Vertriebsspanne

7 = Verbesserung der Vertriebsspanne

10 = deutliche Verbesserung der Vertriebsspanne

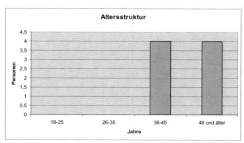
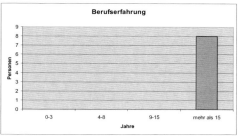

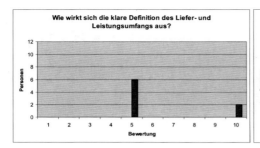

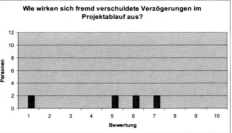

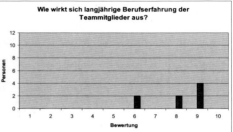

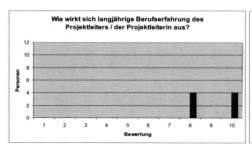

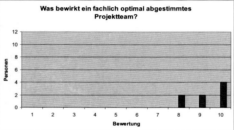

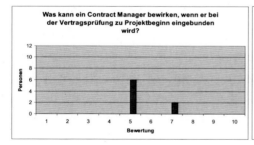

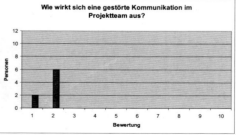

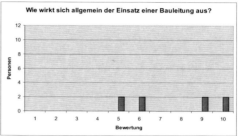

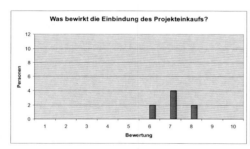

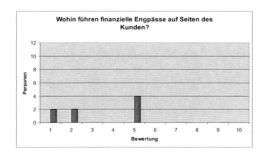

Auf den Seiten 99 – 101 sind die ausgewerteten Diagramme der Berufsgruppe der kaufmännischen Führungskräfte angegeben.

Bewertungsschlüssel:

1 = deutliche Verschlechterung der Vertriebsspanne

3 = Verschlechterung der Vertriebsspanne

5 = hat keinen Einfluss auf die Vertriebsspanne

7 = Verbesserung der Vertriebsspanne

10 = deutliche Verbesserung der Vertriebsspanne

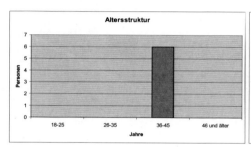
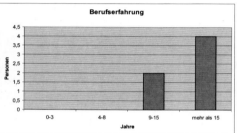

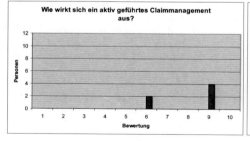

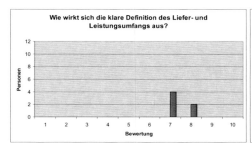

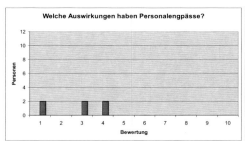

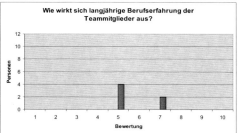

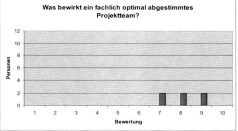

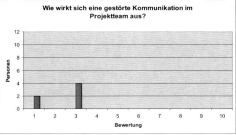

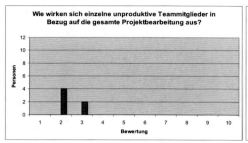

Wie wirken sich einzelne unproduktive Teammitglieder in Bezug auf die gesamte Projektbearbeitung aus?

Was bewirken Managemententscheidungen, die die Entscheidungen des Projektverantwortlichen in Frage oder außer Kraft setzen?

Was bewirken bei Projektbeginn festgelegte Eskalationsstufen und Handlungsspielräume (Projektleitervereinbarungen)?

Wie wirkt sich allgemein der Einsatz einer Bauleitung aus?

Was bewirkt die Einbindung des Projekteinkaufs?

Wie wirken sich zu Projektbeginn klar definierte und bekannte Qualitätsanforderungen des Kunden aus?

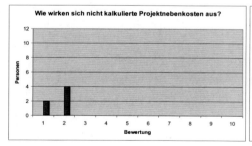

Wie wirken sich nicht kalkulierte Projektnebenkosten aus?

Wie wirkt sich ein starkes Kundeninteresse in Bezug auf die Ausführungsqualität aus?

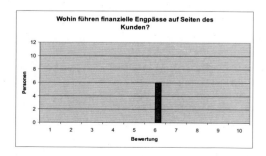

Wohin führen finanzielle Engpässe auf Seiten des Kunden?

Der Autor:

Marco Verardi wurde 1984 in Frankfurt am Main geboren. Nach seinem erfolgreichen Hochschulabschluss zum Bachelor of Engineering an der Fachhochschule Frankfurt im Jahr 2010, schloss er im Jahr 2013 ein berufsbegleitendes Studium zum Master of Business Administrations and Engineering an der Technischen Hochschule Mittelhessen ab.

Bereits nach Abschluss des ersten qualifizierenden Studiums arbeitete der Autor im Projektmanagement in einem deutschen Großkonzern, welches weltweit tätig ist. Nach der erfolgreichen Zertifizierung zum Project Manager nach IPMA Standard, widmete er sich in seiner Unternehmung verstärkt dem Projektmanagementprozess. Die vorhandenen Verbesserungspotenziale waren der Antrieb für die Verfassung des vorliegenden Buchs.